SHANGHAI UNIVERSITY OF FINANCE & ECONOMICS
上海财经大学
1917

厚德博學
經濟匡時

经济管理
研究丛书

营改增对建筑集团企业影响研究

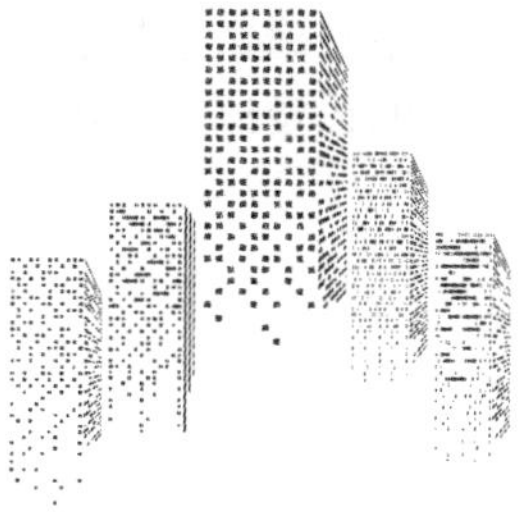

庞金伟　谢　松　赵鹏飞　曹声容◎著

上海财经大学出版社

图书在版编目(CIP)数据

营改增对建筑集团企业影响研究/庞金伟等著．—上海：上海财经大学出版社，2018.9
(经济管理研究丛书)
ISBN 978-7-5642-3104-0/F・3104

Ⅰ.①营… Ⅱ.①庞… Ⅲ.①增值税-税收改革-税收政策-影响-建筑企业集团-企业经营管理-研究-中国 Ⅳ.①F812.422②F426.9

中国版本图书馆CIP数据核字(2018)第195044号

□ 丛书策划 王永长
□ 责任编辑 李志浩
□ 封面设计 张克瑶

营改增对建筑集团企业影响研究

庞金伟 谢 松
赵鹏飞 曹声容 著

上海财经大学出版社出版发行
(上海市中山北一路369号 邮编200083)
网 址：http://www.sufep.com
电子邮箱：webmaster @ sufep.com
全国新华书店经销
上海华教印务有限公司印刷装订
2018年9月第1版 2018年9月第1次印刷

710mm×960mm 1/16 11印张(插页：1) 215千字
定价：38.00元

编辑委员会

序　言

自2011年开始在国务院的领导下，由国家税务总局牵头开始布局全面实施营改增，为了使改革进程稳健有序，营改增工作采取了四步走的方式逐步推进。

第一步：选择试点积累经验。2011年11月16日财政部和国家税务总局印发了《营业税改征增值税试点方案》，2012年1月1日开始首先在我国管理比较完善的上海地区进行试点，对交通运输业和部分现代服务业由以前缴纳营业税的应税项目改成缴纳增值税。这项政策的核心内容是"将研发和技术服务、信息技术服务、文化创意服务、物流辅助服务、有形动产租赁服务、鉴证咨询服务、广播影视服务及交通运输业"即7+1行业纳入增值税征收范围，拉开了营改增试点工作的序幕。

第二步：加大推广试点地区范围。在上海试点的经验基础上，国务院将营改增试点范围扩大到北京、安徽、江苏等10个省市，并新增了广播影视作品的制作、发行、播放试点行业。2013年8月1日起在全国范围内推开，这标志着营改增将转向行业试点，分行业在全国逐步推开。2014年1月1日，国务院将铁路运输和邮政服务业纳入营业税改征增值税试点范围，至此交通运输业已经全部被纳入营改增范围。

第三步：扩大营改增覆盖行业范围。财税〔2014〕43号《关于将电信业纳入营业税改征增值税试点的通知》颁布，将电信服务业自2014年6月1日起也纳入营改增试点。

第四步：全面废除营业税，实行营改增。在总结过去五年实施营改增经验的基础上，2016年3月颁布的《关于全面推开营业税改征增值税试点的通知》(财税〔2016〕36号)，将建筑业、房地产业、金融业和生活服务业全部纳入营改增试点，自5月1日起，取消"营业税"，将营改增试点范围扩大到建筑业、房地产业、金融业、生活服务业，并将所有企业新增不动产所含增值税纳入抵扣范围，确保所有行业税负只减不增。至此，营改增工作全面完成。

某建筑集团公司是世界500强下属的大型骨干施工企业，前身为中国人民解放军基建工程兵某部队，1983年整体改编为中国某工程局，1998年局总部由济南迁入上海浦东，2007年改制为现企业。

目前，建筑集团公司主要业务涉及房屋建筑、基础设施、地产开发、投资运营、设计研发五大业务板块，下设22个二级单位，国内经营区域遍及长三角、珠三角、京津环渤海湾、中部、西北、西南等地区，海外经营区域主要在非洲、欧洲、中东、中亚、东南亚等地。

在营业税情况下，建筑企业一般按照工程收入，房地产开发企业按照商品房销售收入分别缴纳3%、5%的营业税。在营改增之后，因我国增值税制度实行的是“购进扣税法”和“增值税专用发票”方式的“以票管税”制度，这就需要企业将各项收入拆分为不含税收入和销项税额两部分，将成本、费用也要分解为不含税成本、不含税费用以及进项税额，并分别核算进行会计处理；企业本期缴纳的增值税额等于销项税额减去进项税额的余额。

建筑集团公司为了平稳地实现“营业税”到“增值税”的过渡，成立了由集团领导任组长的营改增工作小组；成立了分别由集团财务部、法务部牵头的业务小组。根据财税〔2016〕36号《关于全面推开营业税改征增值税试点的通知》、住建部办公厅颁发的《关于做好建筑业营改增建设工程计价依据调整准备工作的通知》以及《集团税务管理实施细则》等文件的要求，在遵从营改增政策的前提下，集团迅速制定了一系列的操作指引和配套方案。

但营改增毕竟是一项复杂的工程，建筑及房地产企业就需要分析、研究，在营改增实施后，企业需要按照税法中有关“销项税额”规定，依法将那些应税收入进行价税分离，而那些免税收入、不征税收入则无须价税分离；同时，企业也需要按照有关“进项税额”的规定，依法将能够抵扣进项税额的成本、费用进行价税分离，将不能抵扣的成本、费用不进行价税分离，将那些规定不能抵扣但企业已经价税分离的成本、费用的进项税额转出进入相应的成本、费用中。而这必然影响到企业的收入金额的确认和计量，成本、费用的列支及扣除，进而影响企业的毛利率、ROE，甚至影响企业商业模式、经营模式等，也会影响到企业“十三五”期间的宏观发展战略。

我们接受建筑集团公司的委托，对建筑、房地产行业营改增对企业纳税及经营的影响，以及集团在实施营改增工作中的绩效进行研究。主要研究：

(1)根据建筑集团公司2013～2015年的财务数据，按照营改增的政策进行价税分离，测算分析营改增对企业收入、成本、费用的影响，提出增值税的管理主要是“可抵扣率”，并通过实证分析了不同的“抵扣率”对企业财务成果的影响，以及影响“可抵扣率”的主要因素。

(2)根据营改增中关于建筑企业应税收入的不同规定，分析建筑企业集团不同的业务收入结构对销项税额的影响，进而分析对企业的增值税税负水平，并实证测算不同收入结构下对集团企业财务成果的影响。

(3)通过分析影响增值税纳税风险的各种因素，探讨构建增值税纳税风险管理体系的四项主要工作，对架构设计、合规性、纳税筹划、风险控制进行了分析。鉴于现阶段建立增值税纳税风险控制模型的难度，可暂时通过增值税纳税中值这一指标管控营改增工作中的纳税风险。

(4)建立评价该企业财务部门营改增工作绩效的评价体系。针对上述四个方面进行分析和研究，并根据研究成果，提出合理化建议，推进某大型建筑集团公司营改增工作的实施，减少新政策执行风险，降低企业实施费用。

在方法上，本研究将采用理论与实证研究相结合的方法，首先通过政策分析，对营改增相关政策进行研究，明确影响范围、业务及税率情况，然后通过信息收集，获得研究对象（某大型建筑集团公司）2013—2015 年完整的经营数据资料，对收集的数据按业务和对应的税种进行统计分析，分析对总体税负及财务成果的影响程度。采用的统计分析方法主要包括：

①比较分析：通过营改增前实际数据与营改增后计算数据对比分析，确定对收入、税收、利润的影响；

②敏感性分析：基于对营改增中不同影响因素的不同预测情况，分别计算对收入、税收、利润的影响，判断各影响因素的重要程度；

③定性分析法：通过 3 年数据计算比较，并结合营改增后的计算数据，判断营改增对建筑行业的收入、成本、利润的影响，分析营改增对建筑企业的利弊，提出应对措施。

笔者根据上述研究成果，修改整理后成书，不足之处，请批评指正！

目录

第一章　营改增概述

一、营改增的历史沿革

在计划经济体制下，对国有企业主要是采取企业利润上缴制度。经济体制改革初期，一方面是民营企业得到逐步发展，民营企业开始按照国家税法的有关规定依法缴纳营业税、产品税、集体企业所得税、私营企业所得税等税种；另一方面，国有经济开始实施"利改税"政策，"利改税"的主要内容就是将原先的上缴利润方式改为缴纳各种税款的方式。

营业税是根据企业与个人营业收入计征的税种。增值税是对货物生产、流通以及劳务服务的多个流转环节中，就其新增价值（即增值额）所征收的一种货劳税。其核心特征是抵扣机制，即以货物和劳务的增值额为计税依据，在采用"扣税法"计算应纳税额时，纳税人可以抵扣用于生产应税货物或者应税劳务所需的外购货物和劳务所负担的增值税款（进项税额）（原则上用于非应税货物或者劳务的进项税额不能抵扣，并将其对应的进项税额转出，进入企业的销售成本或者退还给企业）。增值税的这一特点，与传统的以货物和劳务流转全额为计税依据的营业税相比，能够有效地避免重复征税，纳税人的总体税负不会因为生产经营过程中分工和协作环节的增多而累加，体现了税收的中性原则，相对而言是一种更加科学合理的税种。自 20 世纪 80 年代早期我国就开始了从营业税到增值税的转型历程，其间大致经历了四个阶段。

（一）我国增值税的确立

我国自 1979 年下半年开始引进增值税并在极少数地区试点。1983 年 1 月起，在全国范围内仅选择了机器机械和农业机具两个行业以及自行车、缝纫机、电风扇三种产品试行增值税。1984 年 10 月，结合国营企业第二步"利改税"，对原工商税制进行了调整，初步建立起以产品税、增值税和营业税为主的流转税制，以国有企业所得税、集体企业所得税、私营企业所得税双主体的税收分配制度。至此，我国初步建立了增值税征收管理制度。1986 年,财政部颁发了《关于完善增值税征税办法的若干规定》,完善了增值税的计税方式和征收方法,使其向统一、简化的方向迈进一大步。随后在不断试点经验的基础上,经过多次调整,逐步扩大增值税的征税范围,进一步规范计税方式,促进了我国增值税制度的完善和发展。但是,1984～1993 年我国一直实行增值税与产品税并行的税制体系,且增值税仅局限于对部分环节明确、便于征收管理的加工工业和制造业等工业产品征税,没有完全体现出增值税的普遍征收原则、中性原则和简化原则。

(二)我国增值税的发展和完善

建立规范的"生产型增值税"。1994 年 1 月 1 日起,《中华人民共和国增值税暂行条例》及其实施细则正式实施,对原有的增值税进行了全面、彻底的改革,按照国际通行的做法建立了规范化的"生产型增值税",并以增值税改革为核心建立了新的流转税制格局。改革后的增值税,是对销售货物或者提供加工、修理修配劳务以及进口货物的单位和个人就其实现的增值额征税的一个税种。征税范围包括货物的生产、批发、零售和进口四个环节,此外还包括加工劳务和修理修配劳务。新增值税也采用国际上普遍采用的税款抵扣的办法,即根据销售商品或劳务的销售额,按规定的税率计算出销项税额,然后扣除取得该商品或劳务时所支付的进项税额,其差额就是增值部分应交的税额,这种计算方法体现了按增值因素计税的原则。生产型增值税存在对固定资产的重复征税,应纳税额扣除少、税基宽,在组织税收收入中发挥了重要作用。然而同时也带来了出口产品的成本价格上涨,削弱了国内产品的国际市场竞争力,此外,也抑制了企业设备的更新换代。另一方面,扣税凭证不统一,导致了增值税扣税操作不规范,加大了税收征管的难度,在这样的背景下,增值税改革的呼声越来越大。

(三)试点"消费型增值税"

2004 年 7 月 1 日起,东北地区的八大行业开始实施增值税转型改革试点,即由生产型改为消费型。2007 年 7 月 1 日,增值税转型改革"挺进中原",中部地区 6 省的 26 个老工业基地城市的八大行业实行扩大增值税抵扣范围的试点改革。2009 年 1 月 1 日起,全国所有地区、所有行业推行了增值税转型改革。增值税转为消费型,主要表现在增值税税基的缩减,核心内容是允许企业抵扣其购进机器设备等固定资产的进项税额,同时,取消进口设备免征增值税和外商投资企业采购国产设备增值税退税政策,将小规模纳税人的增值税征收率统一调低至 3%,将矿产品增值税税率恢复到 17%。消费型增值税可以避免企业设备购置的重复征税,切实减轻了企业负担,对企业的生存和发展起到了很好的促进作用,同时有利于鼓励投资和扩大内需,促进企业技术进步、产业结构调整和经济增长方式的转变。然而,随着增值税制度的不断推进,其缺陷也逐渐暴露。

（四）全面实施营改增

2011年国家开始布局全面实施营改增，为了使改革进程稳健有序，国家采取了四步走的方式逐步推进营改增。

1. 第一步：选择试点积累经验

财政部和国家税务总局于2011年11月16日印发了《营业税改征增值税试点方案》，开始了我国营改增的历史进程。2012年1月1日，国务院决定在上海交通运输业和部分现代服务业开展营业税改征增值税试点工作。这项政策的核心内容是"将研发和技术服务、信息技术服务、文化创意服务、物流辅助服务、有形动产租赁服务、鉴证咨询服务、广播影视服务及交通运输业"即"7＋1"行业纳入增值税征收范围，拉开了营改增的试点工作。

2. 第二步：推广试点范围

2012年8月1日至2012年12月31日，国务院将营改增试点范围扩大到北京、安徽、江苏等10个省市，内容上在"7＋1"的基础上，新增了广播影视作品的制作、发行、播放试点行业。2013年8月1日起，交通运输业和部分现代服务业营改增试点在全国范围内推开，这标志着改革将转向行业试点，分行业在全国逐步推开。2014年1月1日，国务院将铁路运输和邮政服务业纳入营业税改征增值税试点范围，至此交通运输业已经全部被纳入营改增范围。

3. 第三步：扩大营改增征收范围

财政部、国家税务总局联合发布财税〔2014〕43号《关于将电信业纳入营业税改征增值税试点的通知》，宣布自2014年6月1日起，将电信服务业纳入营改增试点。与此同时，政府部门对将金融业、建筑业、房地产业和生活性服务业纳入营改增试点展开调研，为实施营改增做好前期准备工作。

4. 第四步：全面废除营业税，实行营改增

在总结过去五年实施营改增经验的基础上，中国政府决定在2016年全面实施营改增政策。2016年3月5日李克强总理在《政府工作报告》中明确指出：2016年将全面实行营改增，2016年5月1日，《关于全面推开营业税改征增值税试点的通知》（财税〔2016〕36号）规定，自2016年5月1日起，将建筑业、房地产业、金融业和生活服务业全部纳入营改增试点，并将所有企业新增不动产所含增值税纳入抵扣范围，确保所有行业税负只减不增。至此，营改增工作全面完成。

二、建筑业营改增的主要政策

（一）征收范围

建筑服务，是指各类建筑物、构筑物及其附属设施的建造、修缮、装饰，线路、管道、设备、设施等的安装以及其他工程作业的业务活动。包括工程服务、安装服务、修

缮服务、装饰服务和其他建筑服务。

1. 工程服务

工程服务，是指新建、改建各种建筑物、构筑物的工程作业，包括与建筑物相连的各种设备或者支柱、操作平台的安装或者装设工程作业，以及各种窑炉和金属结构工程作业。

2. 安装服务

安装服务，是指生产设备、动力设备、起重设备、运输设备、传动设备、医疗实验设备以及其他各种设备、设施的装配、安置工程作业，包括与被安装设备相连的工作台、梯子、栏杆的装设工程作业，以及被安装设备的绝缘、防腐、保温、油漆等工程作业。

固定电话、有线电视、宽带、水、电、燃气、暖气等经营者向用户收取的安装费、初装费、开户费、扩容费以及类似收费，按照安装服务缴纳增值税。

3. 修缮服务

修缮服务，是指对建筑物、构筑物进行修补、加固、养护、改善，使之恢复原来的使用价值或者延长其使用期限的工程作业。

4. 装饰服务

装饰服务，是指对建筑物、构筑物进行修饰装修，使之美观或者具有特定用途的工程作业。

5. 其他建筑服务

其他建筑服务，是指上列工程作业之外的各种工程作业服务，如钻井（打井）、拆除建筑物或者构筑物、平整土地、园林绿化、疏浚（不包括航道疏浚）、建筑物平移、搭脚手架、爆破、矿山穿孔、表面附着物（包括岩层、土层、沙层等）剥离和清理等工程作业。

（二）税率和征收率

纳税人分为一般纳税人和小规模纳税人。纳税人提供建筑服务的年应征增值税销售额超过 500 万元（含本数）的为一般纳税人，未超过规定标准的纳税人为小规模纳税人。

一般纳税人适用税率为 10%；小规模纳税人提供建筑服务，以及一般纳税人提供的可选择简易计税方法的建筑服务，征收率为 3%。

境内的购买方为境外单位和个人扣缴增值税的，按照适用税率扣缴增值税。

（三）计税方法

增值税计税方法，包括一般计税方法和简易计税方法。

1. 一般计税方法的应纳税额

一般计税方法的应纳税额按以下公式计算：

应纳税额＝当期销项税额－当期进项税额

当期销项税额小于当期进项税额不足抵扣时，其不足部分可以结转下期继续抵扣。

2. 简易计税方法的应纳税额

(1)简易计税方法的应纳税额，是指按照销售额和增值税征收率计算的增值税额，不得抵扣进项税额。应纳税额计算公式：

应纳税额＝销售额×征收率

(2)简易计税方法的销售额不包括其应纳税额，纳税人采用销售额和应纳税额合并定价方法的，按照下列公式计算销售额：

销售额＝含税销售额÷(1＋征收率)

(四) 销售额的确定

(1)纳税人的营业额为纳税人提供建筑服务收取的全部价款和价外费用。财政部和国家税务总局另有规定的除外。价外费用，是指价外收取的各种性质的收费，但不包括以下项目：

①代为收取并符合本办法第九条规定的政府性基金或者行政事业性收费。

②以委托方名义开具发票代委托方收取的款项。

(2)纳税人提供建筑服务适用简易计税方法的，以取得的全部价款和价外费用扣除支付的分包款后的余额为销售额。纳税人按照上述规定从全部价款和价外费用中扣除的价款，应当取得符合法律、行政法规和国家税务总局规定的有效凭证。否则，不得扣除。

(3)视同提供建筑服务的处理。下列情形视同销售服务、无形资产或者不动产：

①单位或者个体工商户向其他单位或者个人无偿提供服务，但用于公益事业或者以社会公众为对象的除外。

②单位或者个人向其他单位或者个人无偿转让无形资产或者不动产，但用于公益事业或者以社会公众为对象的除外。

③财政部和国家税务总局规定的其他情形。

纳税人发生应税行为价格明显偏低或者偏高且不具有合理商业目的的，或者发生单位或者个体工商户向其他单位或者个人无偿提供建筑服务而无销售额的(用于公益事业或者以社会公众为对象的除外)，主管税务机关有权按照下列顺序确定销售额：

①按照纳税人最近时期销售同类服务、无形资产或者不动产的平均价格确定。

②按照其他纳税人最近时期销售同类服务、无形资产或者不动产的平均价格确定。

③按照组成计税价格确定。组成计税价格的公式为：

组成计税价格＝成本×(1＋成本利润率)

纳税人兼营免税、减税项目的，应当分别核算免税、减税项目的销售额；未分别核算的，不得免税、减税。

（五）纳税地点

1. 基本规定

属于固定业户的纳税人销售租赁建筑服务应当向其机构所在地或者居住地的主管税务机关申报纳税。总机构和分支机构不在同一县（市）的，应当分别向各自所在地的主管税务机关申报纳税；经财政部和国家税务总局或者其授权的财政和税务机关批准，可以由总机构汇总向总机构所在地的主管税务机关申报纳税。

属于固定业户的试点纳税人，总分支机构不在同一县（市），但在同一省（自治区、直辖市、计划单列市）范围内的，经省（自治区、直辖市、计划单列市）财政厅（局）和国家税务局批准，可以由总机构汇总向总机构所在地的主管税务机关申报缴纳增值税。

扣缴义务人应当向其机构所在地或者居住地主管税务机关申报缴纳扣缴的税款。

2. 异地预缴规定

(1)一般纳税人跨县（市）提供建筑服务，适用一般计税方法计税的，应以取得的全部价款和价外费用为销售额计算应纳税额。纳税人应以取得的全部价款和价外费用扣除支付的分包款后的余额，按照2%的预征率在建筑服务发生地预缴税款后，向机构所在地主管税务机关进行纳税申报。

(2)一般纳税人跨县（市）提供建筑服务，选择适用简易计税方法计税的，应以取得的全部价款和价外费用扣除支付的分包款后的余额为销售额，按照3%的征收率计算应纳税额。纳税人应按照上述计税方法在建筑服务发生地预缴税款后，向机构所在地主管税务机关进行纳税申报。

(3)小规模纳税人跨县（市）提供建筑服务，应以取得的全部价款和价外费用扣除支付的分包款后的余额为销售额，按照3%的征收率计算应纳税额。纳税人应按照上述计税方法在建筑服务发生地预缴税款后，向机构所在地主管税务机关进行纳税申报。

(4)纳税人跨县（市、区）提供建筑服务，向建筑服务发生地主管国税机关预缴的增值税税款，可以在当期增值税应纳税额中抵减，抵减不完的，结转下期继续抵减。

纳税人以预缴税款抵减应纳税额，应以完税凭证作为合法有效凭证。

(5)小规模纳税人跨县（市、区）提供建筑服务，不能自行开具增值税发票的，可向建筑服务发生地主管国税机关按照其取得的全部价款和价外费用申请代开增值税发票。

(6)对跨县（市、区）提供的建筑服务，纳税人应自行建立预缴税款台账，区分不同县（市、区）和项目逐笔登记全部收入、支付的分包款、已扣除的分包款、扣除分包款的发票号码、已预缴税款以及预缴税款的完税凭证号码等相关内容,留存备查。

(六)税收优惠

(1)一般纳税人以清包工方式提供的建筑服务,可以选择适用简易计税方法计税。以清包工方式提供建筑服务,是指施工方不采购建筑工程所需的材料或只采购辅助材料,并收取人工费、管理费或者其他费用的建筑服务。

(2)一般纳税人为甲供工程提供的建筑服务,可以选择适用简易计税方法计税。甲供工程,是指全部或部分设备、材料、动力由工程发包方自行采购的建筑工程。

(3)一般纳税人为建筑工程老项目提供的建筑服务,可以选择适用简易计税方法计税。

(4)境内的单位和个人销售的下列服务和无形资产免征增值税,但财政部和国家税务总局规定适用增值税零税率的除外:

①工程项目在境外的建筑服务;

②工程项目在境外的工程监理服务;

③工程、矿产资源在境外的工程勘察勘探服务。

三、建筑业营改增过程中的主要关切

(一)控制税负水平

根据《建筑业营改增建设工程计价规则调整实施方案》(建标造〔2014〕51 号)规定,建筑行业的分包业务承接实施过程中,分包报量实行“价税分离”,即进行工程造价的预算管理时,计价规则由营业税制度下税前造价各项用度“含税税金”调整为增值税税制下“不含增值税税金”。价税分离,是建筑企业本轮营改增最需要注意的事项,如果价税不分离,重复计税会导致项目成本增加,对于微利产业且附加值不高的建筑企业而言,控制好营改增的税负水平,是利润水平的重要保障。

(二)上下游衔接

(1)建筑业为工业基础原材料消耗的承担者,据不完全统计,建筑行业涉及 80 多类工业制造企业,建筑企业的上游主要是建筑耗材、机电设备以及机械设备、辅材等。处于中间环节的建筑企业,在征收营业税的税收环境下,即使上游的沙石料和商品混凝土等供应商规模小,但只要上游能够开具建筑业统一发票,统一按照建筑业 3%的营业税税率征收税款,建筑业没有多级税率的问题,但是营改增之后则出现了上游建筑耗材 16%、6%、3%的情况,导致不同的供货方提供的进项税额不同。

(2)在营改增之后的税收环境下,建筑企业应对这种“散、杂、小”特点沙石料、商品混凝土材料、防水材料以及一些占工程成本数额较大但不能取得增值税专用票据的组织措施项目费用加强应对措施,对于甲方从工程结算款中扣留施工企业罚款,材料供应商给予施工企业销售返点等一系列新问题,如未清晰区分进项税额可予以抵扣以及不能抵扣的项目，建筑企业将承担额外的税收负担并增加纳税风险。

(3)建筑工程的建造周期一般比较长，一个工程项目从合同签订到竣工移交的过程时间跨度往往要两三年的时间，一些特大型项目(如PPP项目)时间跨度可能达到10年以上。这样的运营特点势必导致企业大量的账款结算不及时，营改增前已经完工的项目，业主拖欠工程款、验工计价滞后或者拖欠费用等情况会影响建筑企业缴纳增值税，资金结算的滞后导致缴纳税款不及时，或者缺乏资金及时缴纳税款。

(4)从下游企业的角度来看，下游企业的增值税纳税情况也决定其增值税税负的变化情况，在目前建筑行业普遍存在着“资质共享”、“代建”、“甲供料”等模式下，由于拆迁、规划、设计、施工、监理等环节单位众多，利益诉求不尽相同，作为建设项目的总承包人很难协调和管理，财务核算、税务管理缺乏统一管理；在目前建筑行业集团企业多采取分级管理、分级核算的背景下，各纳税主体对增值税专用发票事项管理混乱，缺乏统一。款项结算、发票开具也不尽一致，这些虽然不对企业的税收负担造成影响，但容易影响其与下游企业的合作关系，影响公司的业绩。

(三)发票管理

营改增在一定程度上颠覆了最优财务管理的原则。财务管理主张股东价值最大化，企业在经营管理过程中要早收迟付，而这样的做法会导致增值税销项税额虚高，进项税额不足，使企业出现多缴纳增值税的窘境。这就要求改变以往的财务管理制度以适应增值税的抵扣链条制度，即做到“三流合一”，甚至是“五流合一”。因此建筑企业集团必须重视发票的管理工作。

(四)合同管理

合同在项目实施中具有非常重要的地位，贯彻到项目建设的各个环节、各个阶段，在营改增中存在是否将合同金额“价税分离”的问题。建筑企业在工程造价核算结束后，竞标成功开展经营活动，合同的签订一般即视为工程活动的开始，必须从合同开始，树立增值税税制环境下正确的合同意识观，即明确价款是否为含税价款。以正确的合同流程、合同文本为起点，价税分离的标准应以签订合同的纳税身份区别对待，如果合同另一方即供应商为一般纳税人身份，在合同条款中明确价税分离，以达到“五流合一”的合同管理理念；对于其他非一般纳税人身份的项目或者供应商，合同价款的计税可以比较简易，点明合同价款是否为含税价格。

(五)供应商管理

根据增值税抵扣链条的要求，建筑企业在选择供应商时，不仅仅需要考虑性价比，供应商能否提供合规的专用发票更是重大考量。

进行采购成本测算工作，不能直接以供应商的报价作为唯一的比较基础，考虑增值税可以抵扣的税收因素，进项税额抵扣是关键，重新梳理选择供应商，确定以“综合采购成本最低、利润最大化”为总体原则，衡量供应商的状况，确定比价基础。根据供应商的报价，以采购成本为依据，分别考虑。采购成本相同时，优先选择一般纳税人供应商。采购成本不同时，通过比较综合采购成本、供应商货物的质量，逐步筛选确定。在采购方式上，可考虑推行分片区、分类别的集中采购方式，对于梳理后仍保留的小规模纳税人或无法开具增票的分包分供要从严把关，如其成本与一般纳税人相比无优势或发生履约能力等问题，应予剔除。逐步导向形成以规模大、履约能力强、价格合理的一般纳税人分包分供为主，特殊需求、诚实守信、价格优惠的小规模纳税人分供方为补充的分供方名录库。

（六）财务会计核算

建筑业需要依法按照财会〔2016〕22 号《增值税会计处理规定》设置会计科目，对涉及增值税的相关资产、收入、成本等会计要素，按照价税分离的原则，结合金税系统的勾选认证，规范销项税额、进项税额等事项的确认、计量和报告行为。

2016 年 4 月 30 日前，建筑企业按营业税纳税义务发生时间进行营业税清理，仍然会存在下列问题：按完工百分比确认的收入成本与工程结算数不一致，差额部分的主营业务收入、成本在会计核算上不作价税分离；部分工程结算未到合同约定的收款时间，该部分工程结算在会计核算上需要做价税分离；已取得的部分建筑安装业分包发票需要在 2016 年 6 月 30 日前差额抵扣，这部分发票对应的“工程施工——分包工程支出”在会计核算上也要作价税分离处理。

为做历史数据的同期比较，建筑企业可以另外编制不体现价税分离的财务报表。财务报表的编制原则是以价税合计还原成本、收入、费用数据，并按还原后的数据计算会计利润、所得税费用，调整固定资产、低值易耗品、无形资产、长期待摊费用等资产类项目与利润分配、盈余公积等所有者权益变动数据，比较营改增给建筑企业带来的会计核算差异。

作为国有的施工企业，每月必须在规定日期内提前向国资委上报预报报表，而基于增值税下增值税专用发票在取得后 180 天认证（2017 年 7 月 1 日后取得的专用发票认证期为 360 天），如果在预报和月底结账的期间，没有重大的进项税税额认证事项的发生，那么预算报表与实际数额差距不大。但如果月底结账期间有重大的进项税税额认证事项，且取得的认证发票存在认证不通过的情况，则必须与开票方重新沟通，进行红字发票冲减的处理，由此预算制度与增值税专用发票认证抵扣制度的不统一，加大了会计核算的难度。

第二章　营改增对建筑业公司的财务影响分析

自 2016 年 5 月 1 日起，营业税改征增值税已经全面实施，所有企业都以增值税取代了营业税。在此背景下，营改增前后公司的流转税、所得税以及总体税收负担会发生何种变化便成为公司的核心关切之一，与此同时，公司必须从内部管理的角度采取相应的业务对策以应对这一改革。

营业税改为增值税对公司流转税、所得税皆可能产生一定的影响，并且进一步影响收入、成本、利润等财务指标。本章以某大型建筑集团公司为例，分析营业税改征增值税对建筑业公司主业税收负担和财务结果的影响。

一、公司现有涉税项目

在营改增征税方式下，建筑及房地产企业需要按照营改增中有关“销项税额”规定的 10%或者 6%的税率，依法将主营业务收入、其他业务收入、其他收入中的需要缴纳增值税的收入进行价税分离，分解为：价款和销项税额，而那些按营改增优惠项目中属于“免税收入、不征税收入”的各项收入则无须价税分离。同时，企业也需要按照有关“进项税额”的规定和法定的税率，依法将能够抵扣进项税额的成本项目，允许抵扣进项税额的费用项目进行价税分离，分解为不含税的成本项目、费用项目和进项税额（进项税额需要依法取得规定的增值税专用发票）；对那些不能抵扣进项税额的成本项目、费用项目则不进行价税分离，将那些规定不能抵扣但企业已经价税分离的成本、费用的进项税额转出进入相应的成本、费用中。而这必然影响到企业的收入金额的确认和计量，成本、费用的列支及扣除，进而影响企业的毛利率、ROE，甚至影响企业商业模式、经营模式等，也会影响到企业“十三五”期间的宏观发展战略。结合公司的具体业务，我们将受影响的收入项目、成本项目、费用项目逐一进行分析、研究。

（一）收入项目

1. 主营业务收入

主营业务为建筑行业和地产行业，主营业务收入来自建筑业务和房地产业务，改革前两项主营业务都是征收营业税，现改为征收增值税，受到改革的影响最大。

2. 其他业务收入

其他业务包括设计、咨询、物业等业务，其他业务收入来源于上述业务，其中废旧物资处理业务原来就征收增值税，未发生税种变化，设计、咨询、物业业务都由征收营业税改为征收增值税，受到改革的影响。

3. 其他收入

此外，涉税收入业务还包括营业外收入等。营业外收入主要包括非流动资产处置收益、非货币性资产交换得利、政府补助、接受捐赠收入及盘盈利得等，但营业外收入在报表中体现为税后净额，无法得到缴纳的金额，而且营业外收入的发生不可预测，金额较小，所以，本文未考虑营业外收入的影响。公司主要涉税收入见表 2.1。

表 2.1　　公司主要涉税收入

收入项目	原税种	原税率	现税种	现税率
一、主营业务				
1.建筑	营业税	3%	增值税	3%或 10%
2.地产	营业税	5%	增值税	3%或 10%
二、其他业务				
1.设计	营业税	5%	增值税	6%
2.咨询	营业税	5%	增值税	6%
3.物业	营业税	5%	增值税	6%

（二）成本项目

1. 主营业务成本

成本包括主营业务成本和其他业务成本，主营业务成本主要包括建筑和地产业务的成本，每一项业务的成本都细分为工程材料、直接人工、折旧和其他成本。

2. 其他业务成本

其他业务成本包括设计、咨询和物业业务的成本，每一项业务的成本都细分为工程材料、直接人工、折旧和其他成本。

3. 营业外支出

营业外支出主要包括非流动资产处置损失、非货币性资产交换损失、捐赠支出、罚款及滞纳金、非常损失等。和营业外收入一样，本文未考虑营业外收入的影响。

公司主要成本项目见表 2.2。

表 2.2 公司主要成本项目

成本项目	营改增前是否可抵扣	营改增后是否可抵扣
一、主营业务成本		
1. 分包工程支出	是	是
2. 工程材料	否	是
3. 周转料具	否	是
4. 直接人工	否	是
5. 机械使用	否	是
二、其他业务成本		
1. 设计费	否	是
2. 检验试验费	否	是
3. 场地清理费	否	是
4. 水电费用	否	是
5. CI 形象费用	否	是
6. 安全生产费用	否	是
三、期间费用		
1. 职工薪酬	否	否
2. 办公费	否	是
3. 差旅交通费	否	住宿费可抵扣
4. 业务招待费	否	否
5. 折旧及摊销费	否	是
6. 中介机构费	否	是
7. 保险费	否	是
8. 劳动保护费	否	否
9. 物业费	否	是
10. 广告宣传费	否	是
11. 管理费	否	是
12. 诉讼费	否	是
13. 工程保修费	否	是
14. 采暖费	否	是
15. 劳务派遣费	否	是

（三）受影响的项目

在改革政策中，由营业税改征增值税，结合公司的业务情况，根据公司预算情况并没有区分主营业务和其他业务，建筑业务、房地产业务、基础设施建设业务、设计勘察业务及其他业务全部纳入增值税的增收范围，取得收入应该计算销项税款，发生支出应该作为进项税款抵扣。

在取得收入环节主要是由价内税变为价外税，并且开具增值税专用发票，计征增值税，影响收入的计量；对于发生支出环节比较复杂的成本支出，首先，成本应该由价内税变为价外税，影响成本的计量。其次，发生支出中可能存在部分支出不能抵扣的情况；在可以抵扣的支出中，如果不能取得增值税专用发票还是不能抵扣，只有其中可以抵扣的部分才能作为进项税款抵扣。最后，由于采购商品采用不同税率，抵扣税额或税率就会受到影响，因此，可以通过调整业务模式调整抵扣金额，从而影响公司税收。除上述五项业务的收入和成本之外，营改增改革还对期间费用产生影响，使销售费用、管理费用和财务费用等期间费用与经营成本上同样存在三方面调整问题，我们没有调整资产减值损失和投资收益。

在公司内部可以取得上述项目的详细数据，比如不可以抵扣的项目数据、抵扣比率的数据，但从报表中无法估算出这些项目的具体数据和抵扣率，因此，我们采用了估计数字，如果能够提供科目的明细数字可以进一步计算。我们采用某大型建筑集团公司 2013～2015 年会计报表中的数据①进行了分析，比较了 2013～2015 年 3 年间的财务数据，原报表数据按照营业税的制度得到，我们把报表调整成按照增值税下的数据，这样能够保证前后数据是基于相同的经营状况和经营环境，唯一的差异是税制。

根据上述分析，公司 3 年的利润表原始数据如表 2.3 所示：

表 2.3　　**利润表原始数据**　　单位：元

项目	2013 年	2014 年	2015 年
一、营业总收入	101 932 718 617	115 310 452 755	127 904 977 714
二、营业成本费用总额	99 847 304 419	112 740 483 552	123 795 314 624
营业成本	93 625 579 491	105 650 060 893	116 406 550 915
营业税金及附加	3 324 274 283	3 956 734 040	4 169 309 565
销售费用	104 278 844	109 065 097	81 824 926
管理费用	2 012 491 903	2 010 715 282	2 157 660 556
财务费用	454 355 122	596 296 729	642 322 386

① 为了研究需要，建筑集团公司 2013～2015 年的财务数据已经进行技术处理。

续表

项目	2013 年	2014 年	2015 年
资产减值损失	326 324 776	417 611 511	337 646 276
三、其他经营收益	271 509 280	66 512 778	72 009 776
投资收益	271 509 280	66 512 778	72 009 776
四、营业利润	2 356 923 478	2 636 481 981	4 181 672 866
加:营业外收入	78 619 705	136 768 289	92 872 665
减:营业外支出	18 190 683	15 055 950	22 961 254
五、利润总额	2 417 352 500	2 758 194 320	4 251 584 277
减:所得税费用	545 062 265	606 356 122	711 044 457

公司财务指标与税收负担指标见表 2.4。

表 2.4　　财务指标与税收负担指标　　单位:元

	2013 年	2014 年	2015 年
收入	101 932 718 617	115 310 452 755	127 904 977 714
成本	93 625 579 491	105 650 060 893	116 406 550 915
净利润	1 872 290 236	2 151 838 200	3 540 539 820
ROA	3.14%	3.29%	4.43%
ROE	17.26%	17.02%	19.92%
毛利率	8.15%	8.38%	8.99%
实际税率			
收入	3.50%	3.65%	3.52%
利润	147.56%	152.40%	105.87%
净利润	190.52%	195.34%	127.14%
净资产	32.89%	33.24%	25.32%
营业税	3 022 067 530	3 597 030 945	3 790 281 423
附加税	302 206 753	359 703 095	379 028 142
所得税	545 062 265	606 356 122	711 044 457
总体税收	3 567 129 795	4 203 387 067	4 501 325 879

二、税制转换的影响分析

增值税改革最直接的结果是增加增值税的税额，降低营业税的税额，同时由于营业税及相关税金附加是计入利润表的，而增值税是价外税，进一步影响收入、成本和利润指标以及所得税的税额。此时，与营业税改为增值税相关的项目需要调整。

根据国家的相关政策和公司的业务状况，我们做如下测算设定：

(1)营业税：公司将不再征收营业税。

(2)增值税：按照购买金额总体不变的原则，从收入、经营成本和期间费用中扣除进项税款，税率分别为 6%、10%。增值税分为销项税款和进项税款，分别计算，销项税款＝不含税收入×税率，进项税款＝不含税成本×税率。

(3)附加税：按照增值税的 10%计算，附加税＝(销税款项－进项税款)×10%。

(4)收入：不含税收入＝含税收入÷(1＋税率)。

(5)成本：如果全部抵扣的话，不含税成本＝含税成本÷(1＋税率)，税率分别为 6%、10%。

(6)成本：如果不能全部抵扣的话，受抵扣比率的影响，可抵扣成本＝含税成本÷(1＋税率)×抵扣比率＋含税成本×(1＋抵扣比率)。

(7)期间费用：如果不能全部抵扣的话，受抵扣比率的影响，可抵扣期间费用＝含税成本÷(1＋税率)×抵扣比率＋含税成本×(1＋抵扣比率)。

(8)资产减值和投资收益：不变。

(9)利润：根据调整后收入和成本以及计算所得的附加进项计算，从而得到了调整后的利润总额。

(10)所得税：按照利润总额的 25%计算。

(11)净利润：按照利润总额扣除所得税计算。

根据上述设定，通过估算实际的开票率和抵扣税率即可以估算实际税收负担情况。实践中不同项目的成本结构和开票率都可能互不相同，表 2.5、表 2.6 是该公司项目 B 的成本和税收资料，其后对成本结构和开票率的估算结果仅说明项目 B 的情况。

表 2.5 **成本结构** 单位：元

	2016 年	2017 年	合计	合计占比
分包费用	13 513 513.54	9 353 199.31	22 866 712.85	30.13%
材料费用	7 068 017.58	10 766 826.00	17 834 843.58	23.50%
人工费用	21 169 542.64	5 411 967.41	26 581 510.05	35.03%
折旧费用	305 796.93	413 904.14	719 701.07	0.95%

续表

	2016 年	2017 年	合计	合计占比
间接费用	6 594 853.16	1 287 168.74	7 882 021.90	10.39%
成本合计	48 651 723.85	27 233 065.60	75 884 789.45	100.00%

表 2.6 开票率和抵扣税率

	开票	税率	采用
分包费用	88.20%	9.10%	90%
材料费用	97.66%	15.08%	98%
人工费用	91.75%	11.00%	90%
折旧费用	100.00%	11.00%	100%
间接费用	50.00%	7.55%	60%
平均费用	92.76%	11.03%	

根据上述数据，我们估算了在增值税制度下的 2013～2015 年度财务报表和财务指标，分别如表 2.7、表 2.8 所示：

表 2.7① 转成增值税的调整后报表 单位：元

项　目	2013 年	2014 年	2015 年
一、营业总收入	92 581 167 273	104 872 959 399	116 427 943 009
二、营业成本费用总额			
营业成本	85 255 464 164	96 211 204 015	106 048 037 765
营业税金及附加	38 260 610	32 896 773	36 557 976
销售费用	99 111 874	103 660 971	77 770 537
管理费用	1 912 773 835	1 911 085 245	2 050 749 447
财务费用	431 842 030	566 750 494	610 495 601
资产减值损失	326 324 776	417 611 511	337 646 276
三、其他经营收益	271 509 280	66 512 778	72 009 776
投资收益	271 509 280	66 512 778	72 009 776

① 本章节因测算 2013～2015 年营业税改征增值税对企业的影响，故在税率适用上采用的是 17%、11%、6%的税率进行有关测算。

续表

项 目	2013 年	2014 年	2015 年
四、营业利润	4 788 899 263	5 696 263 168	7 338 695 182
加:营业外收入	78 619 705	136 768 289	92 872 665
减:营业外支出	18 190 683	15 055 950	22 961 254
五、利润总额	4 849 328 285	5 817 975 506	7 408 606 592
减:所得税费用	1 212 332 071	1 454 493 877	1 852 151 648
六、净利润	3 636 996 214	4 363 481 630	5 556 454 944

通过上述分析发现,收入和成本费用项目都减少了,由于价内税变价外税的原因,减少了收入和费用金额。在转为增值税的前提下,毛利率小幅下降,营业利润和净利润都大幅上升,导致了利润率提高。由于成本的降低比较明显,减少了收入降低和税费增加的影响,总体利润上升。

表 2.8 **财务指标对比** 单位:元

	2013 年	2014 年	2015 年
收入	92 581 167 273	104 872 959 399	116 427 943 009
成本	85 293 724 775	96 244 100 788	106 084 595 741
净利润	3 636 996 214	4 363 481 630	5 556 454 944
增值税	382 606 105	328 967 733	365 579 763
所得税	1 212 332 071	1 454 493 877	1 852 151 648
总体税收	1 633 198 787	1 816 358 383	2 254 289 387
ROA	6.16%	6.75%	7.56%
ROE	28.84%	29.37%	28.07%
毛利率	7.87%	8.23%	8.88%
实际税率			
收入	1.76%	1.73%	1.94%
利润	33.68%	31.22%	30.43%
净利润	44.91%	41.63%	40.57%
净资产	12.95%	12.23%	11.39%

原营业税体现在利润表中,增值税在利润表中不体现,流转税的多少还影响了各

项附加和所得税，总体税收负担还需要进一步测算。我们比较了调整前、调整后（开票率 92%、抵扣率 7.91%）税收收入比，发现调整后税收负担低于调整前，差不多相当于以前的一半左右（如图 2.1、图 2.2 所示）。

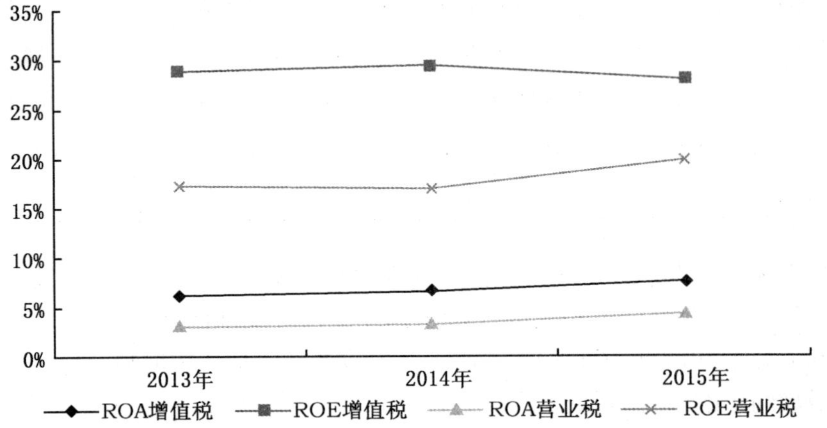

图 2. 1　营改增对财务指标的影响

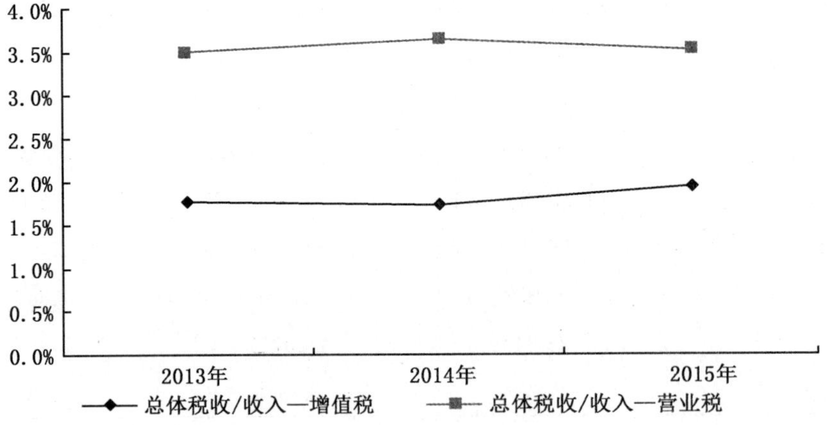

图 2. 2　营改增对实际税率的影响

三、开票率的影响

根据增值税的计税原理，增值税的计算有两种方法。一是减法，即扣税法，增值税额 ＝ 销项税额－进项税额；二是加法，即增值额法，增值税额 ＝（工资＋利润＋利息＋…）×税率。从这里我们可以看出，在收入一定的情况下，企业取得的进项税额越多（即增值税专用发票开票率越高），企业的增值税负担水平越低；从加法的计税原理来看,进项税额的多寡(即增值税专用发票开票率的高低)直接影响到企业利润的多寡。因此,开票率的大小不仅影响企业增值税税负水平的高低,还会影响到企业毛利率的高低,影响企业的ROE水平。下面我们通过对开票率的分析,进一步分析对企业财务成果的影响。

开票率会对成本和费用项目的抵扣产生影响,计算如下:

调整后成本=原成本×开票率÷(1+税率)+原成本×(1-开票率)

税率分别为估算的实际税率。

增值税进项税款=调整后收入×开票率×抵扣税率(7.91%)

根据我们的估算,实际开票率大约92%左右,如果开票率变化会影响成本金额,也会影响进项税款的可抵扣金额,从而影响利润和税收指标,因此对开票率进行内部管理十分必要。表2.9、表2.10、表2.11、表2.12为我们对不同开票率的情况所进行的比较和分析(假设抵扣率为100%,对税收负担和利润表的影响情况,抵扣率可以根据实际情况进行调整)。

表2.9　开票率为100%的财务指标　　单位:元

	2013年	2014年	2015年
收入	92 581 167 273	104 872 959 399	116 427 943 009
成本	84 310 199 957	95 134 994 207	104 867 425 564
净利润	4 374 639 827	5 195 311 565	6 469 332 577
增值税	—	—	—
附加	—	—	—
所得税	1 458 213 276	1 731 770 522	2 156 444 192
总体税收	865 560 216	950 703 573	1 304 291 219
ROA	7.34%	7.96%	8.72%
ROE	32.77%	33.12%	31.24%
毛利率	8.93%	9.29%	9.93%
实际税率			
收入	1.58%	1.65%	1.85%
利润	14.84%	13.72%	15.12%
净利润	19.79%	18.30%	20.16%
净资产	6.48%	6.06%	6.30%

表 2.10　**开票率为 90%的财务指标**　单位:元

	2013 年	2014 年	2015 年
收入	92 581 167 273	104 872 959 399	116 427 943 009
成本	85 333 996 776	96 289 514 936	106 134 434 727
净利润	3 606 792 213	4 329 421 019	5 519 075 705
增值税	437 690 701	391 085 828	433 750 211
附加	43 769 070	39 108 583	43 375 021
所得税	1 202 264 071	1 443 140 340	1 839 691 902
总体税收	1 683 723 842	1 873 334 751	2 316 817 134
ROA	6.11%	6.70%	7.51%
ROE	28.67%	29.21%	27.94%
毛利率	7.83%	8.18%	8.84%
实际税率			
收入	1.82%	1.79%	1.99%
利润	35.01%	32.45%	31.48%
净利润	46.68%	43.27%	41.98%
净资产	13.38%	12.64%	11.73%

表 2.11　**开票率为 80%的财务指标**　单位:元

	2013 年	2014 年	2015 年
收入	92 581 167 273	104 872 959 399	116 427 943 009
成本	86 357 793 595	97 444 035 665	107 401 443 890
净利润	2 838 944 598	3 463 530 472	4 568 818 833
增值税	1 414 156 910	1 492 232 519	1 642 184 943
附加	141 415 691	149 223 252	164 218 494
所得税	946 314 866	1 154 510 157	1 522 939 611
总体税收	2 501 887 467	2 795 965 928	3 329 343 048
ROA	4.86%	5.42%	6.28%
ROE	24.03%	24.82%	24.29%
毛利率	6.72%	7.08%	7.75%
实际税率			
收入	2.70%	2.67%	2.86%

续表

	2013 年	2014 年	2015 年
利润	66.10%	60.54%	54.65%
净利润	88.13%	80.73%	72.87%
净资产	21.18%	20.03%	17.70%

表 2.12　**开票率为 70%的财务指标**　单位:元

	2013 年	2014 年	2015 年
收入	92 581 167 273	104 872 959 399	116 427 943 009
成本	87 381 590 415	98 598 556 394	108 668 453 053
净利润	2 071 096 984	2 597 639 925	3 618 561 960
增值税	2 390 623 119	2 593 379 210	2 850 619 674
附加	239 062 312	259 337 921	285 061 967
所得税	690 365 661	865 879 975	1 206 187 320
总体税收	3 320 051 092	3 718 597 106	4 341 868 962
ROA	3.58%	4.10%	5.02%
ROE	18.75%	19.84%	20.27%
毛利率	5.62%	5.98%	6.66%
实际税率			
收入	3.59%	3.55%	3.73%
利润	120.23%	107.36%	89.99%
净利润	160.30%	143.15%	119.99%
净资产	30.06%	28.41%	24.32%

从上述分析结果可以看出,开票率越高,ROA 越高,税收收入比越低,影响较为明显。以 2015 年为例,开票率 100%的情况下,ROA 为 8.72%,税收收入比为 1.85%;开票率 90%的情况下,ROA 为 7.51%,税收收入比为 1.99%;开票率 80%的情况下,ROA 为 6.28%,税收收入比为 2.86%;开票率 70%的情况下,ROA 为 5.02%,税收收入比为 3.73%;在开票率 100%、90%、80%和 70%四种情形下,ROA 和税收收入比如图 2.3、图 2.4 所示。

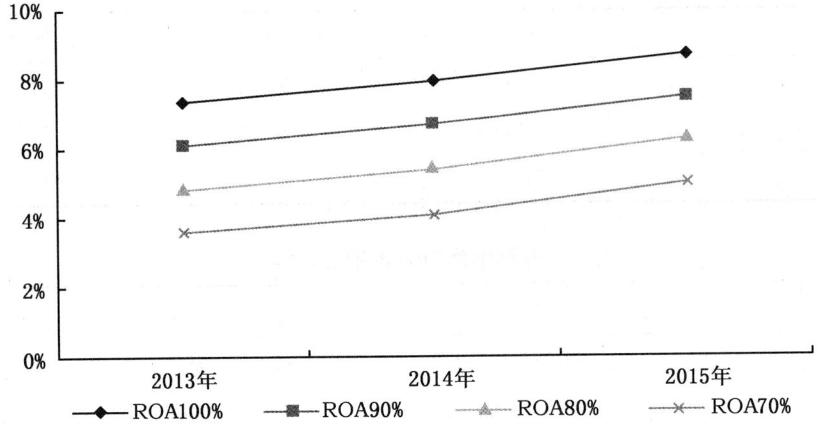

图 2.3 不同抵扣率下的财务指标

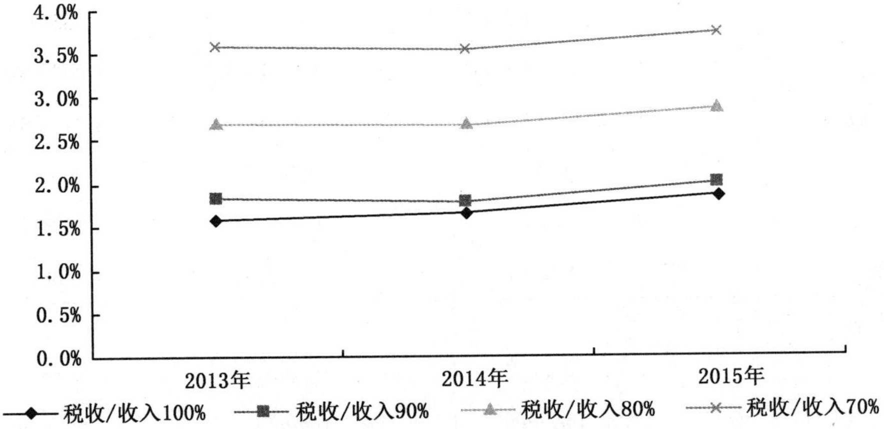

图 2.4 不同抵扣率下的实际税率

四、抵扣税率的影响

我国的增值税制度实行的是差别税率制度，对有形动产征收和抵扣的税率是16％，对不动产项目征收和抵扣的税率是10％，对各项服务和劳务的征收和抵扣税率是6％；这样的差别税率制度，导致企业不同的收入业务要适用不同的税率计算销项税额；企业采购、购买不同的成本项目和不同的费用项目时，所适用的抵扣率也不相同。这就需要企业在营改增实施过程中，要分析、测算不同的收入结构下其销项税额的高低水平，不同的成本项目、费用项目下能够取得的进项税额的可抵扣情况(即抵扣率的大小)；并根据企业的商业模式、经营模式探寻与企业发展战略相适应的可抵扣率。

我们重点关注税率的管理，通过调整业务模式，提高可以抵扣的税率，可以增加进项税款，可以覆盖增值部分，当然总体上不会超过销项税款。如果子公司作为施工方完全不采购设备、材料、动力，只提供纯劳务的建筑服务，在工程分包链条中，越往下人工成本越高，其绝大部分成本为人工成本，施工方几乎没有用以抵扣的进项税额，因此必须衡量其在经营模式上的调整，在不超过销项税款的范围内，通过劳务外包或设立劳务子公司，尽量多地获取抵扣额，覆盖尽量多的增值额，从而达到控制税收负担的目的。我们将估算税率变化对税收负担和利润情况的影响。

计算如下：

调整后成本＝原成本×开票率÷(1＋税率)＋原成本×(1－开票率)

开票率分别为估算的实际税率。

增值税进项税款＝调整后成本×开票率(按100%计算)×抵扣率

根据我们的估算，实际抵扣税率大约为7.91%，如果抵扣税率变化会影响成本金额，也会影响进项税款的可抵扣金额，从而影响利润和税收指标，因此对抵扣税率进行内部管理十分必要。表2.13、表2.14、表2.15、表2.16为我们对不同抵扣税率的情况进行的比较和分析(假设抵扣税率为9%、10%、11%、12%，对税收负担和利润表的影响情况)。

表2.13　　抵扣税率为9%的财务指标　　单位:元

	2013年	2014年	2015年
收入	92 581 167 273	104 872 959 399	116 427 943 009
成本	86 977 583 355	98 142 963 530	108 168 470 403
净利润	2 374 102 279	2 939 334 573	3 993 548 948
增值税	2 238 617 553	2 421 964 752	2 662 503 789
附加	223 861 755	242 196 475	266 250 379
所得税	791 367 426	979 778 191	1 331 182 983
总体税收	3 253 846 735	3 643 939 419	4 259 937 151
ROA	4.08%	4.63%	5.52%
ROE	20.92%	21.88%	21.91%
毛利率	6.05%	6.42%	7.09%
实际税率			
收入	3.51%	3.47%	3.66%
利润	102.79%	92.98%	80.00%

续表

	2013 年	2014 年	2015 年
净利润	137.06%	123.97%	106.67%
净资产	28.67%	27.13%	23.37%

表 2.14　　抵扣税率为 10%的财务指标　　单位:元

	2013 年	2014 年	2015 年
收入	92 581 167 273	104 872 959 399	116 427 943 009
成本	86 205 819 972	97 272 657 229	107 213 367 536
净利润	2 952 924 815	3 592 064 299	4 709 876 098
增值税	1 462 254 328	1 546 471 275	1 701 708 344
附加	146 225 433	154 647 128	170 170 834
所得税	984 308 272	1 197 354 766	1 569 958 699
总体税收	2 592 788 032	2 898 473 169	3 441 837 878
ROA	5.04%	5.61%	6.47%
ROE	24.76%	25.50%	24.86%
毛利率	6.89%	7.25%	7.91%
实际税率			
收入	2.80%	2.76%	2.96%
利润	65.85%	60.52%	54.81%
净利润	87.80%	80.69%	73.08%
净资产	21.74%	20.58%	18.17%

表 2.15　　抵扣税率为 11%的财务指标　　单位:元

	2013 年	2014 年	2015 年
收入	92 581 167 273	104 872 959 399	116 427 943 009
成本	85 446 563 384	96 416 454 657	106 273 742 567
净利润	3 522 367 257	4 234 216 228	5 414 594 825
增值税	685 891 102	670 977 798	740 912 899
附加	68 589 110	67 097 780	74 091 290
所得税	1 174 122 419	1 411 405 409	1 804 864 942

续表

	2013 年	2014 年	2015 年
总体税收	1 928 602 631	2 149 480 987	2 619 869 130
ROA	5.97%	6.56%	7.38%
ROE	28.19%	28.75%	27.55%
毛利率	7.71%	8.06%	8.72%
实际税率			
收入	2.08%	2.05%	2.25%
利润	41.06%	38.07%	36.29%
净利润	54.75%	50.76%	48.39%
净资产	15.43%	14.60%	13.33%

表 2.16　　抵扣税率为 12%的财务指标　　单位:元

	2013 年	2014 年	2015 年
收入	92 581 167 273	104 872 959 399	116 427 943 009
成本	84 699 478 586	95 573 978 035	105 349 180 909
净利润	4 082 680 855	4 866 073 695	6 108 016 069
增值税	−90 472 124	−204 515 679	−219 882 547
附加	−9 047 212	−20 451 568	−21 988 255
所得税	1 360 893 618	1 622 024 565	2 036 005 356
总体税收	1 261 374 283	1 397 057 318	1 794 134 555
ROA	6.87%	7.49%	8.27%
ROE	31.27%	31.68%	30.02%
毛利率	8.51%	8.87%	9.52%
实际税率			
收入	1.36%	1.33%	1.54%
利润	23.17%	21.53%	22.03%
净利润	30.90%	28.71%	29.37%
净资产	9.66%	9.10%	8.82%

从上述分析结果可以看出，抵扣税率越高，ROA 越高，税收收入比越低，影响较为明显。以 2015 年为例，抵扣率 9%的情况下，ROA 为 5.52%，税收收入比为 3.66%；抵扣率 10%的情况下，ROA 为 6.47%，税收收入比为 2.96%；抵扣率 11%的情况下，ROA 为 7.38%，税收收入比则达到 2.25%，抵扣率 12%的情况下，ROA 为 8.27%，税收收入比则达到 1.54%。在抵扣率分别为 9%、10%、11%和 12%三种情形下，ROA 和税收收入比如图 2.5、图 2.6 所示。

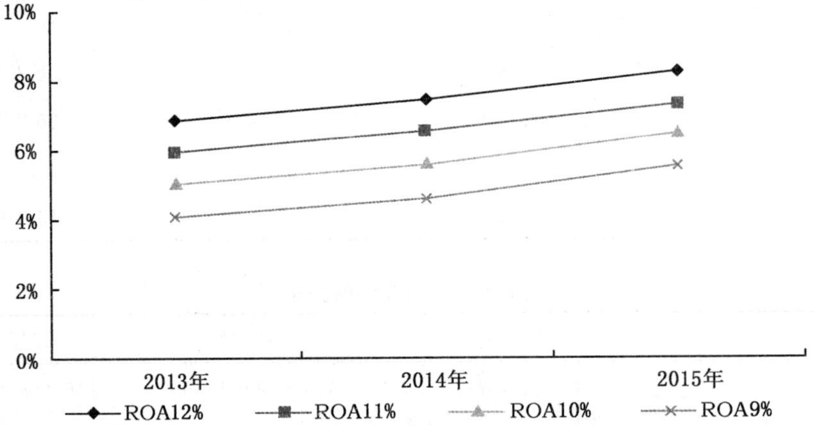

图 2.5　不同抵扣税率的财务指标

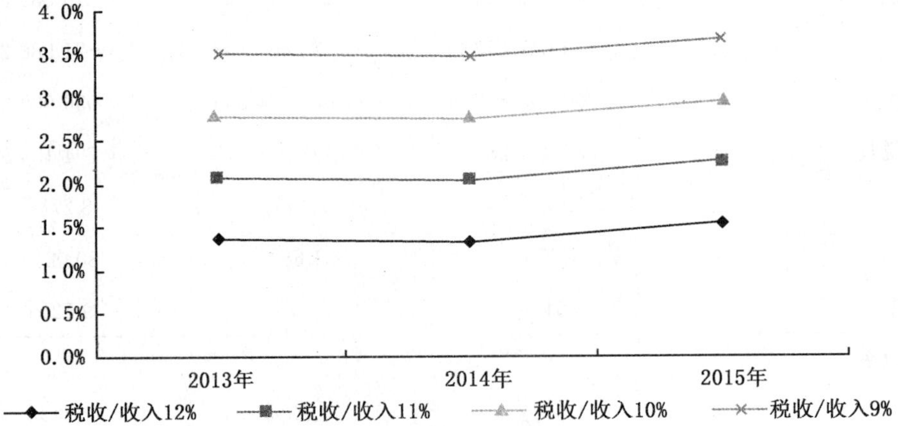

图 2.6　不同抵扣税率的实际税率

五、对经营管理的建议

(一)优化业务模式,增加抵扣税率

建筑业作为劳动密集型行业,人工成本占工程总成本的比例超过了30%。但是营改增之后,人工成本没有进项税额发票,不能进行进项税额的抵扣,相对于材料费而言,劳务费要想取得进项税抵扣凭证难度大。为解决这一问题,对内部人工,建筑企业可以专门成立劳务公司①,由劳务公司派遣员工进行建筑施工。若劳务公司为一般纳税人,则提供服务适用6%的税率,这样一来,建筑施工单位可以取得劳务派遣公司开具的6%的进项专用发票。通过成立劳务公司,可以将部分增值额转移到低税率的劳务公司,从而起到降低税负的作用。对于外部人工,应规范劳务用工流程,在对人工成本没有显著影响的前提下,提高劳务用工的开票率,完善增值税抵扣链条。

对于建筑业而言,应对营改增后成本管理的挑战,主要是控制增值税的税负,企业开展核算时对于缴纳的不能抵扣的进项税额,只能列入成本项目。短期来看建筑行业中这些难以取得进项税额抵扣的成本项目主要有:间接费中如招待费、车辆使用费、拆迁补偿费、青苗补偿费等,更有甚者这些费用有可能连普通发票都难以获取,在直接费用中人工成本的支出以及某些成本数额较大但不能取得增值税专用发票的支出项目,都会导致建筑企业的盈利水平下降。应严格控制业务招待费支出,特别是内部招待支出。对拆迁补偿费等支出,应做好和政府部门的沟通,争取获得相关票据。现阶段不能解决的开票问题,一方面应做好规划和准备,另一方面应积极通过各种渠道加强与税务部门的沟通,反映问题。对人工成本,应结合企业结构调整和薪酬机制调整,逐渐实现劳务公司独立化或外包化。

(二)加强管理,提高开票率

1. 加强供应商管理

随着金税三期工程的日益完善,供应商不合规的增值税发票势必影响企业的正常抵扣,这就需要对供应商建立筛选机制,优先考虑一般纳税人资格的供应商。逐步淘汰不能提供增值税专用发票的供应商,建立合格的供应商目录,并不断地进行日常更新和维护;增加供应商税务信息登记栏,明确供应商的纳税人身份,以便在ERP上设定供应商的税务信息,减少不合规、不合法专用发票的风险,同时改革、完善供应链。

---

① 一般纳税人提供劳务派遣服务,可以按照《财政部国家税务总局关于全面推开营业税改征增值税试点的通知》(财税〔2016〕36号)的有关规定,以取得的全部价款和价外费用为销售额,按照一般计税方法计算缴纳增值税;也可以选择差额纳税,以取得的全部价款和价外费用,扣除代用工单位支付给劳务派遣员工的工资、福利和为其办理社会保险及住房公积金后的余额为销售额,按照简易计税方法依5%的征收率计算缴纳增值税。

对供应商的选择上需加强审核，充分考虑，不能因为A供应商的价格低于B供应商，就直接选择A供应商。A供应商为小规模纳税人，而B供应商为一般纳税人，若建筑企业当期有一定销项税额，B供应商价格比A供应商所报价格虽高出了些许，但考虑到企业可以从B供应商这里取到16%的专用发票用于抵扣，剔除税收影响后，很有可能是B的价格更为优惠。

2. 慎重对待甲供材料

由于甲供材料的特殊性，虽然由建筑企业将材料计入成本，但是由甲方获得的增值税发票，由于发票抬头开具的名称为甲方，即使甲方将发票转给建筑企业，按照增值税政策，取得的进项增值税专用发票抬头与纳税企业不符，则无法抵扣进项税。为解决甲供材、甲供设备的问题，根据增值税政策规定，一般纳税人为甲供工程提供建筑服务的，可以选择适用简易计税方法计税，征收率为3%，并可开具3%税率的增值税专用发票。此外，也可以通过将甲供材转变为购销方式，甲方和乙方通过购买和销售合同，供应商的材料乙方采购，并向乙方开具增值税专用发票。通过增加销售链接，建立甲、乙双方之间的增值税抵扣链，实现指定材料进项税额扣除。也可以是在指定的合同中，甲方在一定范围内制定的供应商选择和材料规格、模型和技术标准，并提出了限制条件，乙方根据甲方的具体要求选择供应商，采购相关材料。在甲控材方式下，由乙方与供应商签订材料采购合同，并向供应商支付材料采购价款，供应商将材料运送至乙方指定地点，并向乙方开具增值税专用发票，乙方据此抵扣进项税，从而实现税负的降低。

3. 完善发票管理体系

建筑企业集团应以增值税专用发票管理为导向，不断加强和规范集团总部及各子、分公司增值税专用发票(以下简称“专用发票”)的管理，完善管理流程，强化相关基础工作，明确专用发票管理责任，建立满足税务部门监管要求的专用发票管理体系。

按照相关规定，制定增值税发票使用管理制度和增值税发票监管办法，依据经济业务发生的真实性、合法性，搜集发票开具资料，集团公司根据增值税发票的使用实际，形成从发票的领购、开具、登记、保管、缴销等事项合规管理，以及发票的认证、抵扣等事项精确化管理，保证税控机的日常维护，直至最后的增值税纳税申报全方位管理工作。

还应实施增值税发票的日常监管，设立抵扣率、专用发票进销差异额、专用发票存根联非正常滞留额等多维度的数据指标，与增值税发票使用管理制度相结合，采用量化管理的办法，降低倒挂、虚开增值税等高风险事项。

4. 加强合同和现金流管理，实现“五流合一”

合同流是“五流合一”的起点，在企业税务真实性核查中，业务的合同资料、资金收付证明、发票单据、物流与其他信息相统一匹配，这意味着增值税对会计核算主体的统一性要求更高，货物销售的供应方或者提供劳务方五流必须高度合一，这样才能实现进项税额的抵扣,“五流合一”实质是强调合同签订、收付款、发票、货物购销、财务核算等主体必须保持一致性。

现金流是“五流合一”的核心内容,现金流的影响主要体现在两个方面:纳税时点的合理性和纳税额的均衡性。从时点的角度,由于应收账款的存在,导致先发生纳税现金流出,后发生经营现金流入。为解决这一问题,从签订合同开始,到合同的执行过程,应注重合同签订、收付款、发票等环节的一致性,避免提前纳税。从纳税均衡的角度,应通过对合同签订、收付款、发票等环节的控制,避免纳税时点过度集中。过度集中的纳税不但会对现金流造成不良影响,还可能引起税务机关的关注。

因此,营改增后,应在法务部及相关人士的协同下,重新调整合同管理制度,尽量减少增值税价税分离的干扰,再造合同管理流程。“ 五流合一”的理念应贯穿合同管理的全过程,合同谈判、签订、履行、结算等全过程都要围绕展开,按照增值税管理要求和价税分离的计价原则,修订合同模板中的税金、发票、款项支付等涉税条款。针对老项目梳理的情况,与业主、分包分供签订补充协议,确保增值税进项税充分抵扣,尽量解决增值税下五流不一致的问题,最终实现企业税负降低。

第三章　业务结构对营改增的影响

一、业务结构的描述

增值税的差别税率征收和抵扣制度，导致企业不同的业务结构其增值税税负水平不同，为了降低增值税的税负水平，企业要注意调整自己的业务结构。某大型建筑集团公司目前在以建筑、房地产为主要业务的情况下，因适用10%的税率使得集团企业销项税额居高不下，如果可抵扣率不能有效提高，则会造成较高的增值税税负；而集团现有的投资、咨询业务则适用6%的低税率，通过调整集团的业务结构可能会有效地降低企业的增值税税负水平，取得较好的ROE水平。

根据某大型建筑集团公司"十三五"的规划，某大型建筑集团公司提出：(1)坚持"1+4+X"的区域布局策略。(2)坚持方向明确的业务领域策略。"十三五"期间，围绕该局转型升级目标，投资业务要助力基础设施业务发展，支持重大项目（市场）突破，营造"大投资"格局，促进该局实现"四商一体"战略转型。(3)坚持PPP为主、融资建造为辅的商业模式策略，实现了公司的稳健发展。随着经济环境的变化，传统行业竞争日趋激烈，第三产业高速发展，为了适应经济结构调整的需要，公司也计划对产业结构进行调整。下面我们通过对原有建筑、房地产、投资和咨询的收入业务结构7∶1∶2（以下简称712结构）调整为5∶2∶3（以下简称523结构），并对这两种业务收入结构的增值税税负进行测算，分析该集团在不同业务结构下的增值税税负水平及盈利水平的变动，以验证企业"十三五"的发展规划是否合理、恰当。

依据收入数据测算的各业务相对结构如表3.1所示：

表3.1　　业务结构

	2013年	2014年	2015年
建筑	79.15%	71.62%	68.42%

续表

	2013 年	2014 年	2015 年
房地产	3.54%	8.18%	9.54%
基础设施	16.86%	19.73%	21.25%
设计勘察	0.13%	0.14%	0.14%
其他业务	0.36%	0.29%	0.28%

目前，建筑业务大约占 70%，房地产占 10%，基础建设占 20%，为了调整产业结构，公司提出的目标是建筑业务大约占 50%，房地产占 20%，设计等占 30%，提高设计等技术密集的高附加值产业比重。同时，我们也注意到传统建筑行业利润率越来越低，竞争越来越激烈，也促使企业转向房地产、基础设施和设计行业。

表 3.2　　不同收入模式的税负变动情况

业务名称	适用税率	现在收入比例	改革收入比例
建筑	10%	70%	50%
房地产	10%	10%	20%
基础设施	6%	20%	30%
设计勘察	6%		

二、不同收入结构的税负变动情况分析

业务结构的变化属于公司的战略转变，受很多因素的影响，也会带来全方位的影响，税收只是其中的一方面。在分析业务结构变化对财务业绩和税收负担的影响之前，先采用法定税率分析业务结构变化对财务业绩和税收负担的理论影响。

表 3.3　　各业务毛利率情况

	2013 年	2014 年	2015 年	平均
建筑	7.56%	8.39%	4.58%	6.84%
房地产	16.18%	13.01%	15.51%	14.90%
基础设施	8.43%	5.77%	19.95%	11.39%
设计勘察	19.47%	16.37%	12.14%	15.99%

根据不同收入结构，我们可以得到不同模式下的盈利情况和税收负担情况：

712 结构下毛利＝70%×6.84%＋10%×14.9%＋10%×11.39%＋10%×

15.99%=9.02%

523 结构下毛利=50%×6.84%+20%×14.9%+15%×11.39%+15%×15.99%=10.51%

712 结构下增值税税负=70%×10%+10%×10%+20%×6%=9.2%

523 结构下增值税税负=50%×10%+20%×10%+30%×6%=8.8%

可以看出,业务结构从 712 转变为 523 既可以提高盈利能力,也可以降低增值税负担,是非常适合的转型战略。

三、业务结构变化的财务分析

下面我们按照目标的业务结构来测算公司的盈利情况和税负情况,结合第二章对抵扣率、开票率的分析结果,按照抵扣率 7.91%、开票率 92%估计税额占营业成本的比重,假定其他因素不变,只调整与业务结构有关的数据。其中,假定抵扣率不因业务结构发生变动,业务结构只影响收入和成本等。不同结构下的相关指标如表 3.4、表 3.5 所示:

表 3.4　　712 结构下的相关指标　　单位:元

	2013 年	2014 年	2015 年
收入	92 697 610 845	104 863 321 816	116 316 782 385
成本	85 433 623 171	96 351 360 623	105 926 468 073
净利润	3 619 405 095	4 275 808 566	5 591 680 228
增值税	338 611 175	389 422 701	395 829 369
附加	33 861 117	38 942 270	39 582 937
所得税	1 206 468 365	1 425 269 522	1 863 893 409
总体税收	1 578 940 657	1 853 634 493	2 299 305 715
ROA	6.13%	6.62%	7.61%
ROE	28.74%	28.95%	28.20%
毛利率	7.84%	8.12%	8.93%
实际税率			
收入	1.70%	1.77%	1.98%
利润	32.72%	32.51%	30.84%
净利润	43.62%	43.35%	41.12%
净资产	12.54%	12.55%	11.60%

备注:本表中增值税数据表按当时的 17%、11%、6%等税率进行测算的。

表 3.5　523 结构下的相关指标　单位:元

	2013 年	2014 年	2015 年
收入	93 130 777 250	105 353 337 338	116 860 318 751
成本	85 533 888 513	96 381 452 306	106 140 973 536
净利润	3 869 080 893	4 620 751 446	5 838 453 405
增值税	—	—	—
附加	—	—	—
所得税	1 289 693 631	1 540 250 482	1 946 151 135
总体税收	1 261 189 962	1 471 192 035	1 925 061 421
ROA	6.53%	7.13%	7.92%
ROE	30.13%	30.57%	29.08%
毛利率	8.16%	8.52%	9.17%
实际税率			
收入	1.35%	1.40%	1.65%
利润	24.45%	23.88%	24.73%
净利润	32.60%	31.84%	32.97%
净资产	9.82%	9.73%	9.59%

备注:同表 3.4。

与 712 结构相比,523 结构下,ROA 更高,税收收入比较低,与理论数据基本一致,但数值变化不大,说明在收入不变的情况下业务结构变化对盈利能力和税收负担有促进,但影响较小。因此,我们分析在保持建筑业务规模不变的前提下,提升其他业务比例,通过发展房地产和设计勘察、基础设施的业务规模,达到结构转型的目的。收入结构调整如下:

建筑收入=现行增值税下总收入×70%

房地产收入=建筑收入÷50%×20%

基础设施收入=建筑收入÷50%×15%

勘察设计收入=建筑收入÷50%×15%

在保持建筑收入不变的情况下,其他业务发生增长,总收入比目前增长 40%的情况下,建筑收入比重下降为占总收入的 50%。

表 3.6　建筑 50%、房产 20%、其他 30%收入比重下的相关指标　单位:元

	2013 年	2014 年	2015 年
收入	91 917 911 314	103 981 293 875	115 338 416 926
成本	82 257 081 198	92 627 708 334	101 981 573 786

续表

	2013 年	2014 年	2015 年
净利润	5 417 036 927	6 407 026 827	7 816 576 848
增值税	—	—	—
附加	—	—	—
所得税	1 805 678 976	2 135 675 609	2 605 525 616
总体税收	1 324 333 672	1 529 687 871	1 991 143 236
ROA	8.97%	9.69%	10.40%
ROE	37.64%	37.91%	35.44%
毛利率	10.51%	10.92%	11.58%
实际税率			
收入	1.44%	1.47%	1.73%
利润	18.34%	17.91%	19.11%
净利润	24.45%	23.88%	25.47%
净资产	9.20%	9.05%	9.03%

备注:同表 3.4。

总之,从上文的分析可以看出,业务结构对盈利能力和实际税负影响较大,随着业务结构的不断优化,盈利能力会不断增加,税收负担降低。以 2015 年为例,712 结构下 ROA 为 7.61%,税收收入比为 1.98%,523 结构下 ROA 为 7.92%,税收收入比为 1.65%,在增长模式下 ROA 为 10.4%,税收收入比为 1.73%。因此,我们建议公司采用以增长促进转型的策略。不同业务结构的财务指标和实际税负如图 3.1、图 3.2 所示:

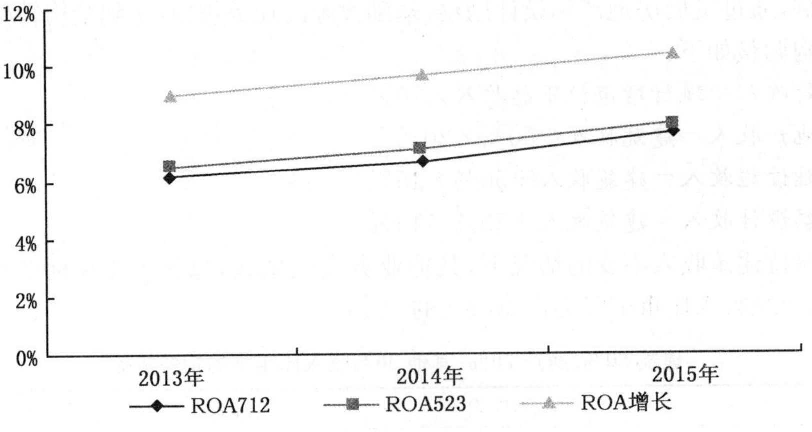

图 3.1　不同业务结构的财务指标

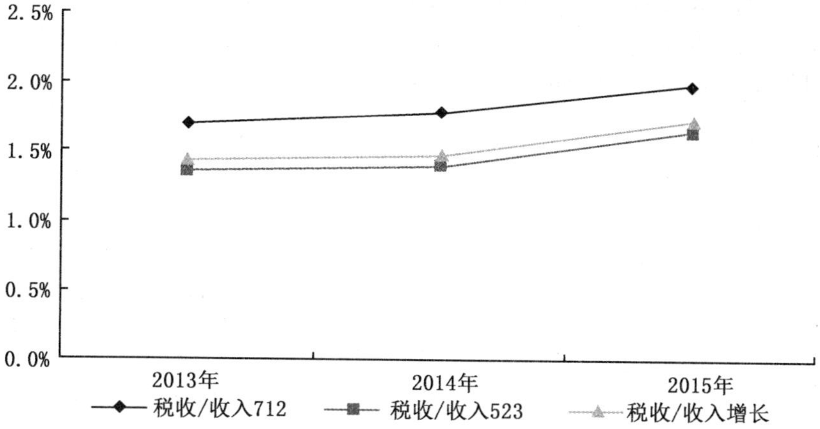

图 3.2　不同业务结构的实际税负

四、业务结构调整建议

(一)战略转型

在建筑、房地产等主业健康发展的基础上，逐步增加设计、勘察业务，稳步推进多元化战略转型。转型就是企业发展方式的一个转变，有利于推动企业由低成本竞争向差异化竞争发展，由规模扩张向综合效益发展，由资源消耗型向环境友好型发展。在目前国民经济增速下滑、房地产行业不景气的情况下，业务转型更为必要。实施业务转型，不是简单的增业务、扩规模，而是依托核心产业优势、不断完善产业链、依托集群优势，来占领市场份额、增加利润空间。

根据现有业务和营改增的影响，可以成立租赁公司，做大金融板块。建筑业和房地产业适用10%税率，金融业和生活服务业适用6%税率。在集团未来战略调整过程中，应通过成立租赁公司，剥离现有资产，并将未来资产采购集中到租赁公司，以租代买，以租代建，把资产业务逐渐转变为租赁模式。这种模式的优势在于，便于集团公司内部增值税和所得税的纳税筹划，也有助于资产的专业化管理。

(二)产业升级

加快固定资产周转，向技术密集型转变。营改增政策鼓励传统建筑企业进行改革升级，从劳动密集型向技术密集型转变。长期以来机械化程度是体现建筑企业实力的重要标志。根据新增值税政策，新购进的固定资产只要取得增值税专用发票，其进项税额可以在购进当期全部抵扣。建筑企业加快固定资产周转率，引入更为先进的机械设备，提高企业的生产效率，从长远看，税负的降低是必然趋势。

加大研发投入，向知识密集型转变。建筑行业是一个竞争比较激烈的行业，进入门槛较低,参与者数量众多。从战略的角度,加大研发投入可以提高企业核心竞争力,有助于企业长期可持续发展。从纳税的角度,研发资产的购入可以作为增值税进项扣除,研发支出的加计扣除还有利于节约企业所得税。

第四章　建筑行业增值税纳税风险管控

一、增值税风险控制体系

纳税风险管控是公司税务管理的核心命题。为加强对企业依法纳税的监督与管理，近几年国家税务总局陆续发布多个文件，对企业纳税规范提出了具体的要求。这些文件包括：《关于增值税发票开具有关问题的公告》（税总发〔2017〕16 号）、《关于进一步做好增值税电子普通发票推行工作的指导意见》（税总发〔2017〕31 号）、《关于发布〈千户集团名册管理办法〉的公告》（税总发〔2017〕7 号）、《关于印发〈税收违法案件一案双查工作补充规定〉的通知》（税总发〔2015〕20 号）、《关于印发〈税务系统作风建设"巩固深化拓展"主题活动方案〉的通知》（税总发〔2014〕137 号）、《关于印发〈税务稽查案卷管理暂行办法〉和〈税务稽查案卷电子文件管理参考规范〉的通知》（税总发〔2014〕127 号），等等。随着这些税收征管法规的颁布及实施，以及"金税三期"的上线运行、纳税风险评估系统的逐步联网，企业的纳税风险也日益加大。为此，某大型建筑集团公司有必要尽快建立和加强增值税纳税风险控制架构。

一般来说，企业集团的增值税风险控制体系由企业架构设计、税务合规管理、税务筹划和税务风险管理四个部分组成（见图 4.1）。

（一）做好架构设计

1. 减少法人级次，整合增值税的缴纳

我国的增值税管理体系是以"法人"为标准的纳税人管理体系，原则上只要是独立的法人公司就是完全独立的纳税人，对"分公司"则采取不完全纳税义务。这样的增值税管理体制，随着营改增工作的不断深入和推进，企业面临着"母子架构"逐渐向"总分架构"的过渡。通过这种过渡，集团企业可以相应减少增值税的纳税次数，例如在四级母子架构体系下，集团企业需要分别计算缴纳 4 次增值税，当减少到二级架构体系下时，只需要计算缴纳 2 次增值税就可以了，这将大大降低增值税缴纳的征管成

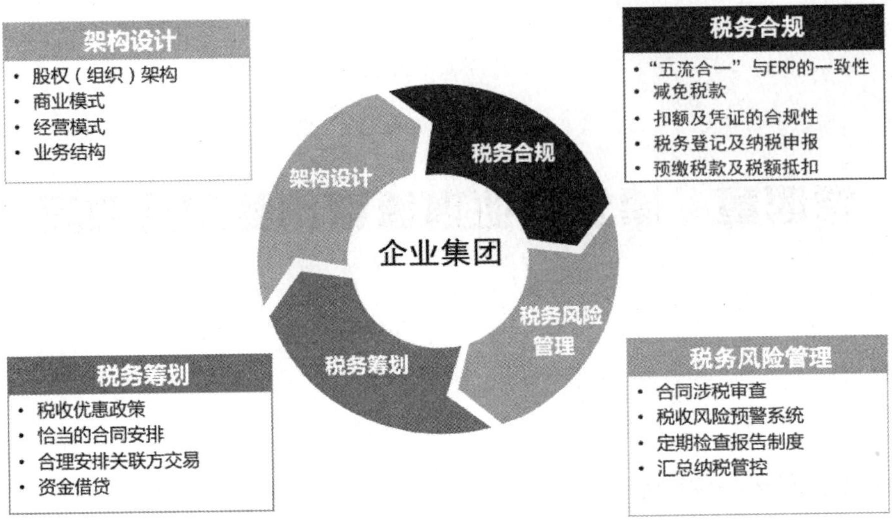

图 4.1 企业税务风险管控架构图

本，同时，也降低了纳税风险。

● 减少法人级次，逐步将法人子公司变更为分公司，便于集团减少增值税纳税次数及纳税风险，逐步建立集中采购制度、统一销售制度、财务集中共享制度。

● 将控股子公司逐步吸收合并为子公司，然后再改变为分公司；对于纳税非控股公司因为不纳入合并会计报表，可以暂时无需考虑。

● 沟通税务机关在现有组织架构不变的情况下，能够实现增值税的汇总缴纳方法，争取达成增值税、所得税都实行汇总纳税。

2. 优化商业模式，降低纳税风险

不同的商业模式、不同的经营模式，其会计核算方式不尽相同，因此会导致增值税缴纳过程中其进项税额的抵扣时间、销售收入的确认时间、增值税的纳税义务发生时间不尽相同，例如 BOT 模式、自建自售模式、分包模式下增值税的风险是不同的，在 BOT 模式、自建自售模式下由于建设周期长，进项税额的抵扣时间、收入确认的时间以及开票的时间各不相同，将增加企业的纳税风险；而在分包模式下，则可以通过分包合同、会计核算，调整相应的时间差，缩短进项税额的抵扣时间，降低纳税风险。

● 由于建筑行业、房地产开发行业的增值税税率都是 10%，而设计、咨询、投资业务的增值税税率为 6%，今后要逐步转变经营模式，由以前的承接工程方式（EPC 模式）逐步过渡到"打包出售方式"、"综合开发模式"。

● 由于财税〔2016〕36 号文件规定企业取得的借款利息的进项税额不能抵扣，集团要充分发挥投资公司的作用，由投资公司提供建设资金，不能由项目公司自己去融资、借款。

● 不同的业务结构，也会导致不同的纳税风险，这方面在第三章已有详细论述，此处不再赘述。

（二）税务合规性

建立增值税的各项管控制度，是做好税务合规性的保证。税务合规性主要包括"五流合一"与ERP系统的一致性、减免税款的办理及管控、扣额法及扣额凭证的管理、税务登记及纳税申报、跨地区（异地）增值税预交及税额抵扣的管理等方面。

1. 完善公司内部制度

为了更好地控制纳税风险，集团财务部已经按照营改增的要求制定了一系列的规章和制度，主要有：

●《关于配合营改增落实相关合约法务配套措施的通知》（集团合法函字〔2016〕7号）。

●《关于开展营改增法治宣传月活动的倡议书》（集团合法函字〔2016〕11号）。

●《关于做好分包报量计价方式调整工作的通知》（集团商务函字〔2016〕008号）。

●《增值税下ERP系统会计核算方案》。

●《集团营改增操作指引——新项目篇（暂行）》。

●《集团营改增操作指引——老项目篇（暂行）》。

●《集团营改增合同管理应对》，法律事务部，2016年6月。

●《集团建筑和地产业务营改增工作实施推进方案（暂行）》。

2. 做好增值税税收优惠管控

在增值税税法中规定了很多税收优惠项目，某大型建筑集团公司的经营范围中会涉及很多，例如农业工程项目、重点基础设施建设项目、节水节能工程项目等等，这些不同的税收优惠政策有不同的减免方式，有些优惠项目是收入免税，有些优惠项目是简易征税，有些优惠项目是税额返还。我们建议某大型建筑集团公司尽快建立《增值税税收优惠操作手册》，充分享受各项税收优惠政策，降低企业增值税税负。

3. 做好扣额及扣额凭证的管控

根据财税〔2016〕36号《关于全面推开营业税改征增值税试点的通知》、财税〔2016〕140号《关于明确金融 房地产开发 教育辅助服务等增值税政策的通知》的有关规定，某大型建筑集团公司的各项业务中会涉及"扣额"的问题，无论是建筑业务中的拆迁补偿费用扣额，还是房地产开发业务中的土地出让金以及土地开发中扣额，我们建议某大型建筑集团公司尽快编制《扣额操作手册》。

（三）税务筹划

税务成本贯穿于企业的整个生命周期，对企业的营利性和现金流，最终对投资者的投资回报率有重大影响。在确保税务合规和风险可控的前提下，集团公司积极采取有效措施进行纳税筹划是企业的合理行为。税务筹划的主要内容包括积极争取合理的税收优惠、恰当的合同安排、合理的关联方交易以及转移定价（参见第五章）。

（四）税务风险管控

集团企业税务风险归纳为前期风险、筹划风险和日常管理风险。为了应对营改增实施过程中的增值税风险管控工作，一方面国家的营改增法规政策在不断完善中，另一方面集团目前仅仅有13%的项目实行"一般纳税人"纳税方式，87%的项目采取的是"简易纳税"。在这种情况下，企业很难建立起完整的纳税风险管控系统。笔者建议在目前阶段，某大型建筑集团公司可以采用"增值税税负中值"的管控手段。

1. 前期风险

营改增的各项政策还在不断调整和完善中，集团在营业税模式下行之有效的组织架构、商业模式、经营模式和资金募集方式，在新的营改增政策实施中对适用的税收政策缺乏了解可能带来风险。此外，集团企业在投标时，在做可研报告时还需要测算项目的整体税负，以便预估项目可能带来的实际收益水平，但承建（开发）项目由于受投资期长、设计业务类别繁多、产业链长等因素的影响，给整体税负的测算带来很大的困难，由此可能带来增值税税负测算不准确的风险，从而影响项目回报收益。针对此类风险，集团公司应全面详细地了解相关税收政策，建立税负测算模型，尽可能准确科学地测算项目的实际税负。

2. 筹划风险

税收筹划是承建（开发）项目实施过程中的重要任务，如果税收筹划方案过于激进，则可能给企业带来税收筹划风险。税收筹划风险包括但不限于转移定价风险和一般反避税风险。税收筹划风险的管控手段主要是加强涉税合同条款检查和做好转移定价的基准分析，建立稳健的税收筹划企业文化，制作筹划方案风险控制手册。

3. 日常管理风险

日常管理风险包括未能及时准确进行税务登记与申报，以及业务事项涉税处理不规范而导致税收隐患；税务稽查应对不当导致大额补税及罚款。主要应对措施包括建立税务管理规范制度；建立涉税事项处理规范；建立税收风险预警系统和定期检查报告制度；加强税收业务培训。

二、建筑集团公司税负中值测算模型

税负中值是评估集团公司纳税风险的综合性指标之一。增值税税负中值管控法就是将该局在一定时期内的增值税税负水平（即该局每年应该缴纳的增值税税额与企业全年不含税收入的比值）进行简单加权平均，计算出该局的增值税税负中值，指导集团管控增值税的计算和缴纳。

之所以测算增值税的税负中值，一方面由于建筑行业、房地产行业虽然实施了营改增政策，归属国家税务局征收管理，但无论是对税务机关还是企业都是全新的内容，既没有历史资料可供参考，也没有已完成项目的真实数据，双方都难以确定建筑、房地产行业的合理增值税税负水平，并在此基础上建立一套科学的纳税评估模型。另一方面，由于税务机关、企业的立场不同，对政策的理解和解读不同，企业实际工作中遇到的问题又是千差万别，难免发生这样或那样的税务纠纷。根据李克强总理提出的降低企业的税收负担水平，促进供给侧改革的精神，我们通过测算增值税税负中值，只要营改增之后，增值税的税负水平不高于原有“营业税”的水平，企业的某些做法就值得肯定。避免在营改增实施过程中发生各种税务纠纷。

根据税务机关纳税评估的一般评价方法，税负中值也是衡量企业是否合规、合法纳税的一个重要指标，一般情况下，企业实际增值税负担在税负中值上下浮动的合理区间为－15％～20％之间①。

以下是根据 2012～2015 年公司年报的财务数据对建筑集团公司增值税税负中值的测算。由于缺乏建筑行业数据及不同项目的实际数据，测算结果可能与实际增值税负中值有所偏差。

（一）收入数据假设

按照现行税法的有关规定，我们将建筑集团公司主要收入在营改增前后适用税率的情况列表如下（见表 4.1）：

表 4.1 营改增前后适用税率情况

收入项目	原税种	原税率	现税种	现税率
一、主营				
1. 建筑	营业税	3％	增值税	3％或 10％
2. 地产	营业税	5％	增值税	3％或 10％
二、其他业务				
1. 设计	营业税	5％	增值税	6％
2. 咨询	营业税	5％	增值税	6％
3. 物业	营业税	5％	增值税	6％
4. 废旧物资处理	增值税	16％等适用税率	增值税	16％等适用税率

在数据选用上，我们根据建筑集团公司 2012～2015 年的年度财务报表直接选取有关数据（如表 4.2 所示）。为了便于分析比较，我们基于建筑集团公司“十三五”的

① 根据各地税务机关纳税评估模型中的各项基本测算指标合理浮动区间界定，具体浮动区间需要征询集团不同项目公司所在地主管税务机关。

详细规划目标(如表 4.3),并结合企业自身盈利能力、行业前景等做出的合理预测,测算出建筑集团公司 2016～2020 年的相关数据(见表 4.4)。

表 4.2　2012～2015 年度部分年报内容　单位:亿元

项目	2012 年	2013 年	2014 年	2015 年
营业收入①	863.43	1 019.33	1 153.10	1 279.05
房屋建筑工程业务	734.21	806.82	825.90	875.08
基础设施建设与投资业务	105.25	171.89	227.52	271.85
房地产开发与投资业务	19.01	36.04	94.32	94.32
设计勘察与咨询业务	1.33	1.57	1.78	1.78
其他业务	3.62	3.00	3.59	3.59
营业成本费用总额②	844.05	998.47	1 127.40	1 237.95
其中:营业成本③	785.61	936.26	1 056.50	1 164.07
房屋建筑工程业务	674.42	745.83	756.63	834.98
基础设施建设与投资业务	96.20	157.40	214.38	217.60
房地产开发与投资业务	11.83	30.21	82.05	82.05
设计勘察与咨询业务	0.07	0.14	1.56	1.56
其他业务	2.09	1.50	1.88	1.88
营业利润④	19.70	23.57	26.36	41.82
房屋建筑工程业务	16.38	14.92	20.32	25.22
基础设施建设与投资业务	0.87	6.66	1.76	6.91
房地产开发与投资业务	2.12	1.64	3.69	3.69
设计勘察与咨询业务	0.07	0.14	0.09	0.09
其他业务	0.26	0.21	0.51	0.51
利润总额⑤	20.03	24.17	27.58	42.52

表 4.3　2016～2020 年财务规划目标　单位:亿元

类别	指标名称	年度分解目标					
		2016 年	2017 年	2017 年	2018 年	2019 年	2020 年
财务	1. 营业收入	1 260	1 400	1 400	1 580	1 800	2 000
	2. 利润总额	40	47	47	56	67	80
	3. 经济增加值	20	22	22	26	32	39
	4. 资产负债率(%)	80	79.8	79.8	79.6	79.4	79.2

表 4.4　**2016～2020 年财务数据预测表**　单位:亿元

项目	2016 年	2017 年	2018 年	2019 年	2020 年
营业收入①	1 260	1 400	1 580	1 800	2 000
房屋建筑工程业务	828.05	864.67	913.28	969.10	997.31
基础设施建设与投资业务	276.02	334.71	409.40	502.50	598.39
房地产开发与投资业务	150.56	195.25	251.94	323.03	398.93
设计勘察与咨询业务	1.78	1.78	1.78	1.78	1.78
其他业务	3.59	3.59	3.59	3.59	3.59
营业成本费用总额②	1 221.20	1 354.41	1 525.68	1 735.01	1 922.40
其中:营业成本③	1 143.62	1 268.36	1 428.75	1 624.78	1 800.27
营业利润④	39	45.59	54.32	64.99	77.6
利润总额⑤	40	47	56	67	80
营业利润占利润总额的比重⑦＝④/⑤	97%	97%	97%	97%	97%
营业成本占营业成本费用总额的比重⑧＝③/②	93.65%	93.65%	93.65%	93.65%	93.65%

(二)销项税额的测算

在计算增值税时,计税依据均为不含税价格,即:

不含税营业收入＝营业收入/(1＋适用税率)

销项税额＝不含税营业收入×适用税率

对房地产开发业务而言,还需考虑土地出让金的影响。该种情况下,需要在不含税营业收入中扣除土地出让金。即:

增值税销项税额＝(不含税营业收入－土地出让金)×适用税率

土地出让金＝当年房地产开发与投资业务收入×30%

由于建筑集团公司财务报表中未列明土地出让金成本,笔者根据国土资源部调查的房地产项目地价房价比①,又结合张伦(2014)②的做法,综合考虑确定以房地产开发收入的 30%作为土地出让金金额。

2016 年 4 月 30 日起我国全面实行营改增,因此选自建筑集团公司财务报表

① 周怀龙. 掀起你的盖头来——国土资源部专项调查揭秘房地产项目地价房价比[J]. 资源导刊, 2009(9):42—42.

② 张伦. 房地产业营业税改征增值税的税负效应分析[D].浙江大学,2014.

2012～2015 年的营业收入均为含税价，而“十三五”规划中的预测数据是基于营改增的背景下得出的，考虑到了营改增的影响，为不含税金额。为统一口径我们需要对营业收入进行修正。修正后 2012～2020 年不含税营业收入如表 4.5 所示。建筑集团公司建筑企业为一般纳税人，按照税法规定，在营改增过渡期，一般纳税人对营改增之前未完工的工程和未开发完毕的老项目可选用 3%的简易征收率计算缴纳增值税，但是该政策具有一定的时效性，充分考虑简易征收情况可以较好地体现建筑企业的时点税负，但并不能反映税负的一般趋势，因此，在这里我们假设作为一般纳税人的建筑企业取得建筑工程收入(包括房屋建筑工程、基础设施建设投资、房地产开发与投资业务)，适用 10%的增值税税率；设计勘察与咨询业务适用 6%的税率；其他业务视同建筑业务，按 10%的税率计算。

表 4.5　2012～2020 年不含税营业收入一览表　单位：亿元

涉税项目	2012 年	2013 年	2014 年	2015 年	2016 年	2017 年	2018 年	2019 年	2020 年
不含税营业收入①	838.28	989.64	1 119.52	1 241.80	1 260	1 400	1 580	1 800	2 000
房屋建筑工程业务	712.83	783.32	801.84	849.59	828.05	864.67	913.28	969.10	997.31
基础设施建设与投资业务	102.19	166.89	220.89	263.93	276.02	334.71	409.40	502.50	598.39
房地产开发与投资业务	18.45	35.00	91.57	91.57	150.56	195.25	251.94	323.03	398.93
设计勘察与咨询业务	1.29	1.52	1.73	1.73	1.78	1.78	1.78	1.78	1.78
其他业务	3.52	2.91	3.49	3.49	3.59	3.59	3.59	3.59	3.59

表 4.6　2012～2020 年应纳增值税销项税额　单位：亿元

项目类别	2012 年	2013 年	2014 年	2015 年	2016 年	2017 年	2018 年	2019 年	2020 年
应纳增值税销项税额	83.776 4	98.903 2	111.873 8	120.961 8	125.928 8	139.928 8	157.927 8	179.928 8	199.928 8
房屋建筑工程业务	71.283	78.332	80.184	84.959	82.805	86.467	91.328	96.91	99.731
基础设施建设与投资业务	10.219	16.689	22.089	26.393	27.602	33.471	40.94	50.25	59.839
房地产开发与投资业务	1.845	3.5	9.157	9.157	15.056	19.525	25.194	32.303	39.893
设计勘察与咨询业务	0.077 4	0.091 2	0.103 8	0.103 8	0.106 8	0.106 8	0.106 8	0.106 8	0.106 8
其他业务	0.352	0.291	0.34	0.349	0.359	0.359	0.359	0.359	0.359

(三)进项税额的测算

建筑业务的营业成本组成中包括了占比重相当高的人工成本、土地出让金及土地开发支出、征地拆迁等涉及“三农”支出成本，基础配套设施支出，砂土、石料、砖瓦、石灰及混凝土材料费，机械费等。其中，企业购入的机器设备通过折旧的方式进入营业成本。营改增后，除劳务成本、折旧费用与土地出让金外的多数成本已纳入增值税进项抵扣范围。土地出让金支出在处理上不同于一般成本费用。政府将土地出让给房地产开发企业，因为政府出让土地没有征收增值税，所以企业支付的土地出让金也随之无法取得增值税的专用发票作进项税额抵扣，因此对土地采取的是差额计税法，即一般纳税人销售其开发的房地产项目，以取得的全部价款和价外费用，扣除受让土地时向政府部门支付的土地价款后的余额为销售额，也就是销项税额采用差额计税的方法来扣除土地出让金。我国实行消费型增值税，营改增后，新增固定资产机械设备及不动产等按取得的增值税专用发票上的增值税金额进行抵扣。即其中，新增固定资产属于机械设备等非不动产的，适用税率为 16%；新增固定资产为房屋建筑物的，适用税率为 10%，其进项税额应按照有关规定分 2 年从销项税额中抵扣，第一年抵扣比例为 60%，第二年抵扣比例为 40%。为简化处理，这里的新增固定资产视同全部购入机械设备等非不动产投资，适用 16%的税率。考虑到建筑行业的特殊性，目前仍有部分甲供材及砖、瓦、石灰等建筑用料不能抵扣进项税，存在一定的成本费用不能完全抵扣。增值税税负测算的核心部分就是企业进项税额的测算。随着税收改革的深入，增值税链条会逐步健全，建筑业进项税抵扣范围会逐步扩大并完善。因此，考虑到当前环境，笔者将区分两种情况分别测算建筑集团公司建筑企业的进项税。

第一种情况，假定除人工费用外的全部材料费用都可以取得增值税专用发票。因为随着营改增的推行，建筑企业为了减轻自身的税收负担，必然会选择增值税一般纳税人采购材料，索取增值税专用发票扣税。

第二种情况，如上文提及，按照建筑企业当前所处行业环境估计，目前只有部分项目可以取得增值税扣税发票。

根据现行增值税规定，建筑公司所购入的土地支出以及本年新增固定资产全部纳入增值税进项可抵扣范围，因此，建筑企业增值税进项税额计算可以为：

进项税额＝营业成本中可抵扣进项税额＋新增固定资产可抵扣的进项税额

新增固定资产可抵扣的进项税额＝新增固定资产(不含税价)×适用税率

新增固定资产(不含税价)＝新增固定资产/(1＋适用税率)，(适用税率为 16%)

财税〔2009〕113 号文明确了“以建筑物或者构筑物为载体的附属设备和配套设施，无论在会计处理上是否单独记账与核算，均应作为建筑物或者构筑物的组成部分，其进项税额不得在销项税额中抵扣。附属设备和配套设施是指：给排水、采暖、卫生、通风、照明、通讯、煤气、消防、中央空调、电梯、电气、智能化楼宇设备和配套设施”。可见，在营改增之前，即 2012～2015 年年报固定资产科目中：

$$\begin{aligned}\text{营业成本中可抵扣进项税额} &= \text{调整后营业收入} \times \text{可抵扣进项税率} \\ &= \sum \text{应税营业收入} \times \text{可抵扣进项税率}\end{aligned}$$

人工费用与折旧额的数据可分别取自财务报表中现金流量表与现金流量表补充资料，相比之下可抵扣进项税率的确定需要考虑企业业务、成本结构以及取得发票性质等因素。根据住房和城乡建设部、财政部相关规定，建设工程造价由七部分组成。增值税下工程造价公式为：

工程造价＝①人工费（不含税）＋②材料费（不含税）＋③施工机具使用费（不含税）＋④企业管理费（不含税）＋⑤规费（不含税）＋⑥利润＋⑦税金

为计算与建筑集团公司相适应的可抵扣率，需对建筑集团公司的项目成本费用占销售收入的比重加以确定。为此，笔者选取了B建造项目（地铁项目）对其成本构成进行界定测算。B项目为建筑集团公司建筑公司一大型综合型建设项目，项目内容涉及工程施工、房地产开发以及其他增值服务等。B项目合同签订于营改增后，适用一般纳税人税务处理。

B项目收入成本费用表取自部分原始财务资料，在包工包料情况下，B建筑项目的成本分布情况如表4.7所示：人工费用占建筑工程总成本的29.70%，占总收入的27.62%；材料费占成本比重约39.26%；施工机具使用费占总成本的18.94%；间接费用中企业管理费占总成本的6.91%，规费占约1.84%，为项目发生的除增值税以外的营业税金占项目总成本的3.36%。表4.8为B项目成本费用分析表。

表4.7　B项目收入成本费用表（地铁项目）　单位：万元

项目	金额（不含税）	成本费用占收入的比重	成本结构
一、营业总收入	26 284.97	100.00%	
二、营业成本费用总额	24 445.02	93.00%	
人工费	7 260.20	27.62%	29.70%
材料费	9 596.03	36.51%	39.26%
钢材	2 502.97	9.52%	10.24%
小型机具、电料、五金材料	134.04	0.51%	0.55%
电气开关、电线电缆、照明设备	2 336.15	8.89%	9.56%
板材及竹木制品（方木、木板、竹胶板、木胶板等）	512.57	1.95%	2.10%
一般商品混凝土	2 600.26	9.89%	10.64%
普通水泥	999.94	3.80%	4.09%
砂、土、石料	510.10	1.94%	2.09%
施工机具使用费	4 629.63	17.61%	18.94%

续表

项目	金额(不含税)	成本费用占收入的比重	成本结构
企业管理费	1 688.47	6.42%	6.91%
安保物业管理费	593.96	2.26%	2.43%
管理费	798.40	3.04%	3.27%
配合费用	296.11	1.13%	1.21%
规费	448.86	1.71%	1.84%
税金	821.84	3.13%	3.36%
三、项目毛利	1 839.95	7.00%	

表 4.8　B项目成本费用分析表(地铁项目)

项目(一级)	项目(二级明细)	可抵扣/不可抵扣部分	成本费用占收入的比重(%)	增值税率	可抵扣进项税率	分项可抵扣进项税率
材料费	钢材	可抵扣部分	9.52%	16%	1.52%	5.71%
	小型机具、电料、五金材料	可抵扣部分	0.51%	16%	0.08%	
	电气开关、电线电缆、照明设备	可抵扣部分	8.89%	16%	1.42%	
	板材及竹木制品(方木、木板、竹胶板、木胶板等)	可抵扣部分	1.95%	10%	0.19%	
	一般商品混凝土	可抵扣部分	9.89%	16%	1.58%	
	普通水泥	可抵扣部分	3.80%	16%	0.61%	
	砂、土、石料	可抵扣部分	1.94%	16%	0.31%	
施工机具使用费	施工机具使用费	可抵扣部分	17.61%	16%	2.82%	2.82%
企业管理费	安保物业管理费	可抵扣部分	2.26%	6%	0.14%	0.14%
	管理费	不可抵扣部分	3.04%		0.00%	
	配合费用	不可抵扣部分	1.13%		0.00%	
人工费		不可抵扣部分	27.62%		0.00%	
规费		不可抵扣部分	1.71%		0.00%	
税金		不可抵扣部分	3.13%		0.00%	
项目毛利		不可抵扣部分	7.00%		0.00%	
合计			100.00%		8.67%	8.67%

在已有项目成本结构的基础上，笔者按成本细项分项抵扣以计算综合可抵扣率。为便于理解，将进项抵扣分为完全抵扣和部分抵扣两种情形分别进行分析。

1. 完全抵扣情况下

完全抵扣情况是指假设B项目为包工包料性质，可抵扣部分项目全部适用增值税一般计税方法，且全部取得增值税专用发票并加以抵扣。在该种情况下，除管理费中的安保物业管理费与材料费中的板材类分别适用6%、10%的税率外，项目中其他可抵扣部分项目均适用16%税率，不存在简易征收的情形。此外，人工费、为工程发生的税金以及规费，因无法取得增值税专用发票均属于不可抵扣项目。因此，

$$可抵扣进项税率 = \sum 可抵扣部分成本费用占总收入的比重 \times 适用税率$$

基于B项目的成本费用组成，在完全抵扣情况下，建筑集团公司的综合可抵扣率约为8.67%。

在完全抵扣情况下，建筑集团公司增值税进项税额情况如表4.9所示。

表4.9 完全抵扣下增值税进项税额 单位：亿元

项目	2012年	2013年	2014年	2015年	2016年	2017年	2018年	2019年	2020年
应税营业收入	838	990	1 120	1 242	1 260	1 400	1 580	1 800	2 000
土地出让金	5.535	10.5	27.471	27.471	45.168	58.575	75.582	96.909	119.679
可抵扣率	8.67%	8.67%	8.67%	8.67%	8.67%	8.67%	8.67%	8.67%	8.67%
营业成本费用中可抵扣进项税额	72.21	85	94.94	105.52	105.68	116.76	131.03	148.42	163.97
新增固定资产	1.03	1.79	3.42	8.38	10.05	12.06	14.47	17.37	20.84
适用税率	16%	16%	16%	16%	16%	16%	16%	16%	16%
新增固定资产可抵扣的进项税额	0.16	0.29	0.55	1.34	1.61	1.93	2.32	2.78	3.33
进项税额总计	72.37	85.29	95.49	106.86	107.29	118.69	133.35	151.2	167.3

2. 部分抵扣情况下

由于建筑业尚处于营改增过渡阶段，在实务操作中，存在部分成本无法取得进项发票，其原因涉及多方面：

(1)对材料费按90%进行调整。这是因为：一方面，“甲供材”无法取得进项税抵扣。为减低成本，甲方往往对钢材、水泥等大宗商品采用“甲供”形式，供应单位给建

设单位开具发票，建筑企业只能从建设单位得到金额相同的结算单，无法取得进项税发票进行抵扣。另一方面，施工企业所面对的材料供应商及材料种类“散、杂、小”，如砖瓦、白灰、砂石、土方及零星材料基本上由个体户、小规模纳税人供应，购买的材料没有发票或者取得的发票不是增值税专用发票。此时，混凝土、沙石等原材料最多只能取得由小规模纳税人提供税务机关代开的3%的专用发票。

(2)对施工机具使用费按80%进行调整。这是因为：一方面，根据我国增值税条例规定，折旧费用不得用于进项抵扣，而摊销至项目的折旧费用属于施工机具的一部分，因此应将此干扰因素剔除。另一方面，租赁业现有资产没有增值税进项税，而租赁收入产生的销项税，因没有可抵扣税款，将背负16%的高额增值税税负。目前租赁业利润率普遍低于增值税率(16%)，选择小规模纳税人的租赁企业在市场上更为普遍。

(3)包工包料只是诸多项目形式的一种，在市场经济环境下越来越多的项目采用分包、转包模式以实现专业化分工，提升企业效率。在包工包料模式下，为项目发生的劳务费用支出不能取得进项税发票。而建筑企业人工费约占工程成本的30%，且有连续上涨的趋势。营改增后，劳务企业作为增值税一般纳税人按6%的税率计算增值税销项税，这使得部分建筑企业通过向劳务企业购买服务的方式支出人工费用，这种方式下项目能获得6%的进项抵扣。这里假定有30%的劳务成本是可以取得增值税专票的。

根据上述综合分析，我们在第二章、第三章所分析的营改增对企业收入、成本、费用和财务成果的影响，主要是进项税额的取得情况，即可抵扣率的高低。当企业具备了较高的可抵扣率时，企业的ROE明显得到提高；当可抵扣率处于比较低的水平时，企业的增值税税负增加，ROE也随之降低。根据建筑集团公司具体实施的地铁项目的有关数据进行测算，我们得到了建筑集团公司真实的可抵扣进项税率约为7.91%(详见表4.10)。结合这一情况，我们以7.91%的可抵扣进项税率为基础，重新分析并测算了建筑集团公司能够作为可抵扣率扣除项目的具体成本项目和费用项目，目前这些具体的成本项目和费用项目是可以作为计算可抵扣率的项目，其进项税额依法可以及时抵扣(具体成本、费用项目见表4.11)。

建筑集团公司在目前的情况下，可以根据表4.11所列示的项目，制定集团《进项税额抵扣管理手册》，采取有效措施合法、及时、足额地取得该清单中的进项税额，这样在目前老项目还有超80%比例的情况下，企业取得的可抵扣进项税额不仅与完全抵扣条件下相比更为准确，同时，其增值税税负中值的测算也更贴近企业实际情况。

表 4.10 调整后成本费用分析表 单位:亿元

项目（一级）	项目（二级明细）	可抵扣/不可抵扣部分	成本费用占收入的比重（%）	调整率	增值税率	可抵扣进项税率	分项可抵扣进项税率
材料费	钢材	可抵扣部分	9.52%	90%	16%	1.37%	5.15%
	小型机具、电料、五金材料	可抵扣部分	0.51%		16%	0.07%	
	电气开关、电线电缆、照明设备	可抵扣部分	8.89%		16%	1.28%	
	板材及竹木制品（方木、木板、竹胶板、木胶板等）	可抵扣部分	1.95%		10%	0.18%	
	一般商品混凝土	部分可抵	9.89%		16%	1.42%	
	普通水泥	可抵扣部分	3.80%		16%	0.55%	
	砂、土、石料	部分可抵	1.94%		16%	0.28%	
施工机具使用费	施工机具使用费	部分可抵	17.61%	80%	16%	2.25%	2.25%
企业管理费	安保物业管理费	可抵扣部分	2.26%	100%	6%	0.01%	0.01%
	管理费	不可抵扣部分	3.04%			0.00%	
	配合费用	不可抵扣部分	1.13%			0.00%	
人工费		部分可抵	27.62%	30%	6%	0.50%	0.50%
规费		不可抵扣部分	1.71%			0.00%	
税金		不可抵扣部分	3.13%			0.00%	
项目毛利		不可抵扣部分	7.00%			0.00%	
合计			100.00%			7.91%	7.91%

表 4.11 部分抵扣下增值税进项税额 单位:亿元

项目	2012 年	2013 年	2014 年	2015 年	2016 年	2017 年	2018 年	2019 年	2020 年
应税营业收入	838.28	989.64	1 119.52	1 241.80	1 260	1 400	1 580	1 800	2 000
土地出让金	23.133 66	27.200 51	30.337 121	32.859 267	33.748 033	37.264 787	41.792 454	47.311 868	52.235 317
可抵扣率	7.91%	7.91%	7.91%	7.91%	7.91%	7.91%	7.91%	7.91%	7.91%
营业成本费用中可抵扣进项税额	64.64	76.32	86.37	95.86	97.24	108.06	121.97	138.98	154.44
新增固定资产	1.03	1.79	3.42	8.38	10.05	12.06	14.47	17.37	20.84
适用税率	16%	16%	16%	16%	16%	16%	16%	16%	16%
新增固定资产可抵扣的进项税额	0.16	0.29	0.55	1.34	1.61	1.93	2.32	2.78	3.33
进项税额总计	64.8	76.61	86.92	97.2	98.85	109.99	124.29	141.76	157.77

三、管控税负中值的建议

（一）“三流合一”控制法

根据 2014 年 12 月 27 日《国家税务总局关于修改〈中华人民共和国发票管理办法实施细则〉的决定》修正国家税务总局 2011 年 2 月 14 日国家税务总局令第 25 号文件的有关规定，结合“金税三期”的管控特点，可以采取“三流合一”的方式简单测算建筑集团公司的增值税税负中值。简单的增值税税负中值测算可以有效地避免被税务机关行政性处罚，这些税务行政处罚主要有纳税诚信等级降级、纳税预警警告、纳税评估约谈、纳入税务稽查名单等等，为了有效保证企业的顺利运营，减少纳税风险，集团各个下属单位在条件不具备的情况下，可以采取简单测算法测算增值税税负中值。具体的方法如下：

（1）合同签约额1 000亿元，发票金额（开具发票）600 亿元，收入金额（会计核算收入金额 800 亿元）。

（2）平时纳税申报金额 600 亿元，本期期末会计收入 800 亿元。

（3）增值税税负中值＝（600＋800）/2＝700 亿元。

（4）集团税负中值率＝（700×90％×10％＋700×10％×6％－进项税额）/本期应税收入。

（二）“三因素”控制法

建筑集团公司建筑公司增值税税负＝$\sum$应纳税收入×适用税率－$\sum$营业收入（项目）×可抵扣进项税率－新增固定资产（不含税价）×适用税率

假设建筑集团公司固定资产投资额全部为除不动产外的固定资产，购进固定资产适用 16％的进项税率。

增值税税负＝应税建筑收入×10％＋（应税房地产开发与投资收入－土地出让金）×10％＋应税其他收入×6％－[应税建筑收入＋（应税房地产开发与投资收入－土地出让金）＋应税其他收入]×可抵扣进项税率－新增固定资产（不含税价）×16％

＝[应税建筑收入＋（应税房地产开发与投资收入－土地出让金）＋应税其他收入]×（10％－可抵扣率）－应税其他收入×（10％－6％）－新增固定资产（不含税价）×16％

应税营业收入＝应税建筑收入＋应税房地产开发与投资收入＋应税其他收入

所以，可以得出：

建筑集团公司增值税税负＝（应税营业收入－土地出让金）×（10％－可抵扣率）－应税其他收入×5％－新增固定资产×16％

注：上述收入金额均为不含税价。

在这一关系式中，影响建筑集团公司建筑公司增值税税负的变量因素有：应税营业收入、土地出让金、可抵扣率、应税其他收入以及新增固定资产。当这五项因素的变化达到一定程度时，会使企业税负增加或减少，但其影响程度是各不相同的。有的因素只要发生微小变化就会导致税负发生巨大变动，被认为是敏感因素；而与之相反，有的变量变动后对税负的影响是较为迟钝的，被称之为不敏感因素。为反映目标值对于选定变量变化的敏感程度，引入敏感系数指标，其计算公式为：

敏感性系数＝目标值变动百分比/参数值变动百分比

它表示选定变量变化 1%时导致目标值变动的百分数。其中敏感系数为正数的，表明它与税负为同向增减；敏感系数为负数的，表明它与税负为反向增减。根据测算，这“三因素”对增值税税负中值的影响程度分别为：

(1)可抵扣率是主要敏感因素，可抵扣率提高 1%，建筑集团公司整体增值税税负中值可以下降 3.5%，应给予重点关注。

(2)年应税营业收入也是十分重要的敏感因素。营业收入的提高必然会导致企业税负的增加，建筑集团公司营业收入对增值税税负中值的敏感系数为 1.7。

(3)新增固定资产与土地出让金为次要敏感因素，相对最不敏感的因素为应税其他收入，这与其他收入占总营业收入比重较小有关。尽管如此，三项因素对建筑企业的增值税税负都具有一定的影响，在分析时都应加以考虑。

第五章 最优纳税筹划方案设计及合理化建议

一、最优纳税筹划方案的设计思路

在合法合规地缴纳各种税款，履行企业的社会责任的同时，最大地实现股东利益最大化也是企业的经营目标，为此企业需结合自己的商业模式、经营模式，在税法允许的范围内，可以制定不同的业务方案，并从合同签订、收入分配、税率适用等各环节做出合理的安排，以实现税收负担最小化、股东利益最大化的目标。

（一）确定公司（项目）盈利模式

在进行纳税策划之前，需要先确定目标公司（项目）的盈利模式，以便有针对性地制定实施方案。例如在重固镇新型城镇化 PPP 项目中，根据实施协议，该项目的盈利模式为"固定投资回报率＋X"模式。即"固定投资回报率"为 SPV 项目公司完成的约定的投资额可获得年化固定回报率，按月计量投资额，并实行跟踪审计确认。"X"为包含工程项目的融投资建设利润、项目公司经营性收益、咨询服务收益、产业导入收益等多种收益模式。如进行二级开发，还有二级开发收益。

（二）纳税策划的路径

1. 整体税负最小化原则

在重固镇 SPV 项目公司股权结构设计中，建工集团、城投集团、东方投资所持股权比例分别为 70%、20%、10%。在 SPV 项目公司运行中，建工集团负责具体工程承包及建筑施工工程建设施工业务，A 监理服务公司（建筑集团公司房地产子公司所属建筑工程监理、管理公司）则履行监理职责，孚泉置业有限公司作为 SPV 项目公司的 100%全资控股子公司，则在某些项目中行使项目运营中的日常管理功能。为此，我们从 SPV 项目公司、建筑集团公司、A 监理服务公司三方股东价值最大化角度进行税收策划，单独站在上述三方角度策划税收将有可能背离建筑集团公司作为一个整体价值最大化的战略目标。所以，我们税收策划模型的目标是最小化三方公司的整体税负水平。

需要说明的是,该课题仅仅从税负角度提升股东价值,而不考虑其他评价体系。如果加入其他评价体系,可能会影响该模型的研究结论。

2. 实现路径

(1)涉税主体三方的业务关系

首先,在非经营性项目中,项目公司作为PPP项目实施的法律主体,一方面获得固定回报,另外则来自工程承包及建筑施工合同中的部分收益;建工集团的业务收入来自项目公司的工程承包及建筑施工工程承建的工程施工收入额;A监理服务公司作为项目管理方,收取监管费,按照行业内通行的收费费率,一般为2%~7%。

其次,经营性与准经营性项目中,项目公司一方面通过建工集团按照施工合同额实施项目承包,另一方面通过下述全资子公司形式负责对项目进行后续运营。在上述业务关系中,项目公司的收入来源集中于项目运营中的现金流。

(2)涉税主体三方涉税税种以及税率

在营改增实施背景下,涉税主体涉税的税种主要是两类,即增值税和企业所得税。据此在税负测算中,根据上述主体所处业务不同,分别适用于不同的税率。具体如表5.1所示:

表5.1 各业务主体适用税率

业务主体	增值税率	所得税率
项目公司	6%	25%
建工集团	10%	15%
A监理服务公司	6%	25%

在经营性与准经营性项目中,还要考虑项目公司控股或者全资子公司所使用的增值税率与所得税率,不同行业与不同的产业政策会导致税率有所差异。

(3)经营性与准经营性项目未来现金流的处理方式

在经营性与准经营性项目中,由项目公司全资子公司负责项目的具体运行,获取收入。从现金流角度,与非经营性项目存在一个时间点的差异。非经营性项目主要是工程承包及建筑施工,施工完毕,现金流即可获取,收益实现,但是在经营性与准经营性项目中,现金流的获取是通过项目运行所获取,并且运行周期较长,一般为20~30年不等。

为使工程承包及建筑施工与项目运行的现金流具有可比性,我们将项目运行中未来的现金流进行贴现,消除时间点的差异而进行税收筹划。这里的现金流主要指我们税收中所考量的增值额与利润。

(4)纳税策划的目的分析

正是由于涉税主体在增值税率和所得税率上的差异,税收筹划才具有意义与价值,否则把业务集中于税负最低的主体即达到税收筹划的目标。

在上述背景下,我们进行税收筹划实现路径主要是将 PPP 项目合同额在三方涉税主体中进行资源分配,进而达到总体税负最低的目的。具体来说,主要是以下几个方面:

一是整个项目合同额在项目公司与建筑集团公司、A 监理服务公司之间的收益分配。假定在管理费率确定的情况下,A 监理服务公司的收入额即是建工集团合同额乘以管理费率。

二是管理费率的确定,即意味着 A 监理服务公司在整个合同额中的分配比例。

三是项目公司与建工集团合同额的分配与管理费率的综合规划。

上述几个方面的税收筹划总结为一个核心问题,即合同额这一资源在涉税三方中的最优配置和分配问题。

(三)策划模型的方法与思路

1. 策划模型的设计方法

根据上述税收筹划的目的,达成涉税三方总的税负水平最低,这是目标,另外在实现上述目标时,存在一定的约束条件,如监管费率在 2%～7%,建筑行业内的收益率水平等。存在约束条件求极值问题,无疑是一个线性规划的问题。为此我们将重固镇新型城镇化 PPP 项目的税收筹划转化为线性规划问题。

2. 模型策划的思路

(1)目标函数

为全方面地研究问题,我们分别按照增值税、所得税以及总税负(即增值税＋所得税)最低进行规划。用函数形式即:

Min(增值税)　　(1)

Min(所得税)　　(2)

Min(增值税＋所得税)　　(3)

(2)约束条件

①行业或建工集团作为工程承包及建筑施工方的增值率、利润率;

②工程承包及建筑施工及建筑施工业务行业增值率与利润率的比例;

③监管费率。

(3)设计模型

①根据三方涉税主体的业务关系,以及工程承包及建筑施工行业的增值率,分别计算出三方的增值额及增值税负;

②根据增值率与利润率之间的比例关系,计算三方的净利润及所得税负;

③根据上述计算公式,计算出三方总的增值税负以及所得税负,并据此计算出三

方总的税负；

④利用线性规划模型，在约束条件下，分别求出三种目标函数下，合同额在涉税三方的配置比例；

⑤在约束条件或者其他变量发生变化的情况下，进行敏感性分析。

具体策划模型设计流程，我们以重固镇新型城镇化 PPP 项目一级土地开发及保障房建设为例，全面梳理纳税策划方案设计的全流程，便于建工集团及所属公司在今后项目建设过程中，能够普遍提高纳税策划的水平和层次。

二、纳税策划模型流程

（一）公司架构设计

建工集团与政府通过竞争性磋商确定 PPP 合作主体资格，作为 PPP 项目唯一的社会资本合作对象。建工集团中标后，与市县两级政府平台公司共同成立项目公司——建工新型城镇化投资发展有限公司。建工集团 70％股份，区镇两级平台公司持 30％股份（城投集团占股 20％、东方投资占股 10％）。经股份审批，项目公司于 2016 年 10 月在××市设立全资子公司——孚泉置业有限公司，具体负责城中村改造的保障房建设。保障房公司架构如图 5.1 所示：

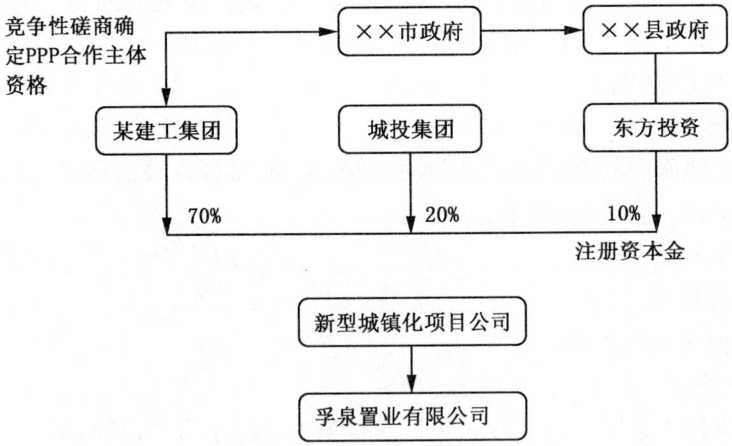

图 5.1 保障房公司架构图

（二）资金或融资组合

1. 股东增资或借款

根据沪建房管联〔2016〕839 号《上海市住房和城乡建设管理委员会上海市规划和国土资源管理局关于进一步加强本市房地产市场监管促进房地产市场平稳健康发展的意见》，在申请参加土地招拍挂活动时，应承诺资金来源为合规的自有资金。孚泉置业有限公司在支付保障房的土地价款时，应为自有资金，这就要求股东增资成为必须的渠道。

2. 市场化融资

通过国开行贷款、城镇化基金、商业银行借款、发行资产支持证券等方式，项目公司可以全方位多元化筹集资金，源源不断地为项目建设运营提供资金支持。

但根据财税〔2016〕36 号文的规定，企业借款的利息支出没有进项税额抵扣，需要进一步研究资金的募集方式。

（三）公司运营模式分析

1. 采购方式

孚泉置业有限公司与建工集团签订总承包合同，承包方式为包工、包料、包工期、包验收、包安全生产等全包方式。因此，采购事宜全权由建筑集团公司负责。

2. 建设方式——代建管理与专业协同

孚泉置业有限公司作为××市××县保障房工程的开发主体单位，委托建工集团投资发展有限公司（以下简称 A 监理服务公司）作为项目管理单位，负责该保障房项目的全过程开发建设工作。

孚泉置业根据项目管理单位组织的招标结果，选定施工建设、工程监理和设备、材料采购等单位进行实际建设工作，其中，建筑集团公司作为总承包单位，中建 A 监理服务公司作为代开发单位。保障房开发增值税“三流合一”流程见图 5.2。

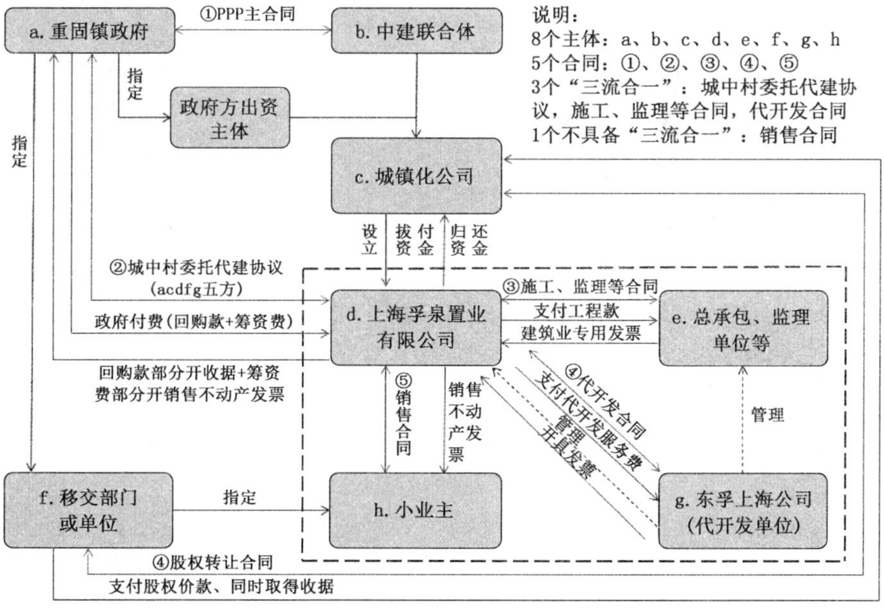

图 5.2　保障房开发增值税“三流合一”流程图

3. 盈利模式

保障房开发盈利模式如表 5.2 所示：

表 5.2　　保障房开发盈利模式

公司	收入	盈利点
城镇化公司(SPV 公司)	利息收入 管理费收入 政府付费收入	投资回报
孚泉置业有限公司	土地储备、销售收入、政府合同付费、出售收入、其他收入	开发收入、政府付费、出售收入与开发成本之间的差额
A 监理服务公司	代建管理费收入	代建单位利润
建工集团(总承包方)	施工收入	建筑业利润

4. 退出机制

在保障房建设竣工验收后，上海孚泉置业有限公司将保障房交付给政府指定的单位。政府按照约定的计价方式，确定股权价格，受让孚泉置业有限公司 100％的股权，并支付股权转让对价。

(四)各主体纳税分析

各主体纳税分析如表 5.3 所示：

表 5.3　　按主体纳税分析表

纳税主体	税种	计税依据	税率	法规文件
城镇化公司(SPV 公司)	增值税	利息收入	6％	①财税〔2016〕36 号《关于全面推开营业税改征增值税试点的通知》 ②财税〔2016〕36 号附件营业税改征增值税试点过渡政策的规定
		管理费收入	6％	
		政府付费收入	10％	
	所得税	所得额	25％	①财税〔2014〕116 号《关于非货币性资产投资企业所得税政策问题的通知》 ②国税〔2013〕41 号《关于企业混合性投资业务企业所得税处理问题的公告》 ③国税〔2015〕40 号《关于资产(股权)划转企业所得税征管问题的公告》 ④财税〔2014〕 109 号《关于促进企业重组有关企业所得税处理问题的通知》 ⑤财税〔2011〕70 号《关于专项用途财政性资金企业所得税处理问题的通知》 ⑥国税函〔2008〕828 号《关于企业处置资产所得税处理问题的通知》 ⑦中华人民共和国主席令第 63 号《中华人民共和国企业所得税法》 ⑧中华人民共和国国务院令第 512 号《中华人民共和国企业所得税法实施条例》

续表

纳税主体	税种	计税依据	税率	法规文件
城镇化公司（SPV公司）	印花税	合同金额或数量	中华人民共和国国务院令第11号《中华人民共和国印花税暂行条例》	中华人民共和国国务院令第11号《中华人民共和国印花税暂行条例》
	车船税	每辆、整备质量每吨、净吨位每吨和艇身长度每米	《车船税税目税额表》	中华人民共和国国务院令第611号《中华人民共和国车船税法实施条例》
	城市维护建设税及教育费附加	增值税	10%	①《中华人民共和国城市维护建设税暂行条例》 ②中华人民共和国国务院令第448号《国务院关于修改〈征收教育费附加的暂行规定〉的决定》
孚泉置业	增值税	销售收入	10%	①财税〔2016〕36号《关于全面推开营业税改征增值税试点的通知》 ②财税〔2016〕36号附件营业税改征增值税试点过渡政策的规定 ③国税〔2016〕14号《纳税人转让不动产增值税征收管理暂行办法》 ④国税〔2016〕18号《房地产开发企业销售自行开发的房地产项目增值税征收管理暂行办法》
		政府合同付费	10%	
		出售边角残料等其他收入	16%	
	所得税	所得额	25%	①中华人民共和国主席令第63号《中华人民共和国企业所得税法》 ②中华人民共和国国务院令第512号《中华人民共和国企业所得税法实施条例》
	契税	承受土地使用权的金额	3%或免税	①财法字〔1997〕52号《中华人民共和国契税暂行条例》 ②沪府发〔1997〕48号《上海市人民政府批转市财政局关于本市贯彻〈中华人民共和国契税暂行条例〉若干意见的通知》 ③财税〔2016〕43号财政部国家税务总局《关于营改增后契税、房产税、土地增值税、个人所得税计税依据问题的通知》 ④财税〔2015〕139号《财政部国家税务总局关于公共租赁住房税收优惠政策的通知》
	耕地占用税	占用耕地的面积	45元/平方米	①中华人民共和国国务院令第511号《中华人民共和国耕地占用税暂行条例》 ②中华人民共和国财政部国家税务总局令第49号《中华人民共和国耕地占用税暂行条例实施细则》

续表

纳税主体	税种	计税依据	税率	法规文件
孚泉置业	城镇土地使用税	实际占用的土地面积	公共租赁住房建设期间用地及公共租赁住房建成后占地免征城镇土地使用税	①中华人民共和国国务院令第483号《中华人民共和国城镇土地使用税暂行条例》 ②沪府发〔2007〕42号上海市人民政府关于发布《上海市城镇土地使用税实施规定》 ③沪地税地〔2007〕63号《关于公布本市城镇土地使用税纳税等级具体范围的通知》 ④财税〔2015〕139号《财政部国家税务总局关于公共租赁住房税收优惠政策的通知》
	土地增值税	出售房屋	①四级超率累进税率 ②对转让旧房作为公共租赁住房房源，且增值额未超过扣除项目金额20%的，免征土地增值税	①国税〔2016〕70号《关于营改增后土地增值税若干征管规定的公告》 ②国税〔2016〕81号《关于房地产开发企业土地增值税清算涉及企业所得税退税有关问题的公告》 ③财税〔2016〕43号财政部国家税务总局《关于营改增后契税、房产税、土地增值税、个人所得税计税依据问题的通知》
	印花税	土地使用权出让合同	对公共租赁住房经营管理单位免征建设、管理公共租赁住房涉及的印花税	①中华人民共和国国务院令第11号《中华人民共和国印花税暂行条例》 ②财税〔2015〕139号《财政部国家税务总局关于公共租赁住房税收优惠政策的通知》
		建筑安装工程承包合同		
		建筑工程勘察设计合同		
		销售合同		
	房产税	租金收入	对公共租赁住房免征房产税	①国发〔1986〕90号《中华人民共和国房产税暂行条例》 ②财税〔2015〕139号《财政部国家税务总局关于公共租赁住房税收优惠政策的通知》
	城市维护建设税及教育费附加	增值税	10%	①《中华人民共和国城市维护建设税暂行条例》 ②中华人民共和国国务院令第448号《国务院关于修改〈征收教育费附加的暂行规定〉的决定》
A监理服务公司	增值税	代建管理费收入	6%	财税〔2016〕36号《关于全面推开营业税改征增值税试点的通知》

续表

纳税主体	税种	计税依据	税率	法规文件
A 监理服务公司	所得税	所得额	25%	①中华人民共和国主席令第 63 号《中华人民共和国企业所得税法》 ②中华人民共和国国务院令第 512 号《中华人民共和国企业所得税法实施条例》
	印花税	合同额或数量	①中华人民共和国国务院令第 11 号《中华人民共和国印花税暂行条例》	中华人民共和国国务院令第 11 号《中华人民共和国印花税暂行条例》
	车船税	每辆、整备质量每吨、净吨位每吨和艇身长度每米	《车船税税目税额表》	中华人民共和国国务院令第 611 号《中华人民共和国车船税法实施条例》
	城市维护建设税及教育费附加	增值税	10%	①《中华人民共和国城市维护建设税暂行条例》 ②中华人民共和国国务院令第 448 号《国务院关于修改〈征收教育费附加的暂行规定〉的决定》
建工集团	增值税	施工收入	10%	①财税〔2016〕36 号《关于全面推开营业税改征增值税试点的通知》 ②国税〔2016〕17 号《纳税人跨县（市、区）提供建筑服务增值税征收管理暂行办法》
		出售边角残料等其他收入	16%	
	所得税	所得额	15%	①国税函〔2010〕156 号《国家税务总局关于跨地区经营建筑企业所得税征收管理问题的通知》 ②中华人民共和国主席令第 63 号《中华人民共和国企业所得税法》 ③中华人民共和国国务院令第 512 号《中华人民共和国企业所得税法实施条例》
	印花税	合同额或数量	①中华人民共和国国务院令第 11 号《中华人民共和国印花税暂行条例》	中华人民共和国国务院令第 11 号《中华人民共和国印花税暂行条例》
	车船税	每辆、整备质量每吨、净吨位每吨和艇身长度每米	《车船税税目税额表》	中华人民共和国国务院令第 611 号《中华人民共和国车船税法实施条例》

（五）重固镇新型城镇化 PPP 项目税负测算

按照城中村改造项目业务安排，共有 4 个涉税主体，即项目公司、孚泉置业、建工集团、A 监理服务公司。鉴于第三方运营公司在该业务中的角色安排，我们在税负筹划方案中不予考虑。

模型中变量说明见表 5.4：

表 5.4 参数定义

参数	参数含义
$S_{总}$	整个项目的年合同额
$F_{R项}$	项目公司按照合同额所获取的固定回报率
$F_{C项}$	项目公司资金的融资成本
$A_{R总}$	整个项目总的增值率
$A_{R项}$	整个项目年合同额中，项目公司分享的增值率
$P_{利润率/增值率项目}$	项目公司利润率与增值率的比值
$A_{R建工}$	建工集团本业务的增值率
$P_{利润率/增值率中建}$	建筑施工行业利润率与增值率的比值
$S_{项}$	项目公司在年合同额中取得的收入
$S_{建工}$	中建公司在年合同额中取得的收入
$S_{A公司}$	A 公司在年合同额中取得的收入
$M_{RA公司}$	A 公司按照项目合同所提取的监管管理费率
$P_{利润率/增值率东孚}$	A 公司本身业务利润率与增值率的比值
$R_{A公司}$	A 公司本身业务的利润率
$T_{总}$	项目公司、建工集团、A 公司的总体税负
$T_{项增}$	项目公司的增值税负
$T_{项所}$	项目公司的所得税负
$T_{建增}$	建工集团的增值税负
$T_{建所}$	建工集团的所得税负
$T_{A增}$	A 公司的增值税负
$T_{A所}$	A 公司的所得税负

(六)上述变量的逻辑关系说明

1. 项目公司增值额

按照整个项目年合同额中取得的增值率计算,即

$$S_{总} \times A_{R项}$$

2. A 公司的收入

A 公司收入来源于按照项目建设合同额所提取的管理费,即

$$S_{A公司} = S_{总} \times M_{RA公司}$$

3. 建工集团的收入

建工集团的收入是总的合同额扣除项目公司的增值额与东孚公司的收入,即

$$S_{建工} = S_{总} - S_{总} \times A_{R项} - S_{总} \times M_{RA公司}$$

4. 建工集团的增值额计算

在已知整个项目公司增值率下,可以计算出整个项目的增值额即$S_{总} \times A_{R总}$,在此基础上,扣除项目公司分享的增值额与 A 公司分享的增值额,即是建工集团的增值额,计算公式如下:

$$S_{总} \times A_{R总} - S_{总} \times A_{R项} - S_{总} \times M_{RA公司} \times A_{RA公司}$$

(七)各业务主体税负计算

在税负测算中,根据上述主体业务不同,则分别适用于不同的税率。具体如表 5.5 所示:

表 5.5 业务与税率

业务主体	增值税率	所得税率
项目公司	6%	25%
建工集团	10%	15%
A 公司	6%	25%

假设条件:

(1)依据建筑行业的盈利特点,假设该项目总的增值率即$A_{R总}$不大于 20%;

(2)项目公司在整个项目中所获取的增值率$A_{R项}$小于等于总的增值率$A_{R总}$;

(3)依据行业特点,A 公司所提取的管理费率$M_{RA公司}$取值范围为 2%~7%之间;

(4)项目公司增值税率统一按照 6%计算。

项目公司:

按照我们对项目公司的业务假设,项目公司共有两个业务设计税负问题,一是固定回报率,二是承建整个项目中的部分业务。据此测算项目公司的税负问题。

增值税:

$$T_{项增} = S_{总} \times F_{R项} \times 6\% + S_{总} \times A_{R项} \times 6\%$$

$$T_{项所} = S_{总} \times (F_{R项} - F_{C项}) \times 25\% + S_{总} \times A_{R项} \times P_{利润率/增值率项目} \times 25\%$$

建工集团：

$$T_{建增}=(S_{总}\times A_{R总}-S_{总}\times A_{R项}-S_{总}\times M_{RA公司}\times A_{RA公司})\times 10\%$$

$$T_{建所}=(S_{总}\times A_{R总}-S_{总}\times A_{R项}-S_{总}\times M_{RA公司}\times A_{RA公司})\times P_{利润率/增值率建工}\times 15\%$$

A 公司：

$$T_{A增}=S_{总}\times M_{RA公司}\times A_{RA公司}\times 6\%$$

$$T_{A所}=S_{总}\times M_{RA公司}\times A_{RA公司}\times P_{利润率/增值率A公司}\times 25\%$$

(八)各主体税负的总体测算

1. 增值税的总体税负

$$T_{总增}=T_{项增}+T_{建增}+T_{A增}$$

2. 所得税的总体税负

$$T_{总所}=T_{项所}+T_{建所}+T_{A所}$$

3. 增值税与所得税的总体税负水平

$$T_{总}=T_{项增}+T_{项所}+T_{建增}+T_{建所}+T_{A增}+T_{A所}$$

(九)税收筹划与资产配置的模型设计

1. 目标函数

合同额在项目公司、建工集团、A 公司三个主体分配的目标是基于总体税负最小化。

为更深入问题，我们从增值税、所得税以及总体税负三个指标分别考察。由此在该模型中，目标函数是：

$$T_{总增} \tag{1}$$

$$T_{总所} \tag{2}$$

$$T_{总} \tag{3}$$

求其最小值。

2. 约束条件

(1) $A_{R总}\geqslant 0$，$A_{R总}\leqslant 20\%$；

(2) $A_{R项}\leqslant A_{R总}$；

(3) $M_{RA公司}\geqslant 2\%$，$M_{RA公司}\leqslant 7\%$

3. 规划结果

根据上述目标函数以及约束条件，我们运用 EXCEL 中的非线性规划求解软件，可以得到如下最优结果。

(1)参数选取(见表 5.6)

表 5.6 **参数选取**

模型中参数定义	参数	数量(亿元)
每年合同额	$S_{总}$	10
固定回报收益率	F_R	7.385%(假定)

续表

模型中参数定义	参数	数量(亿元)
融资成本	F_C	5.000%
承包业务总增值率	$A_{R承包}$	20%
项目公司利润率与增值率的比值	$P_{利润/增值项目}$	90%
中建公司利润率与增值率的比值	$P_{利润/增值建}$	70%
东孚公司增值率	$A_{R\ A公司}$	40%
东孚公司利润率与增值率的比值	$P_{利润/增值\ A公司}$	80%

(2)规划结果

按照上述参数,我们按照增值税税负最低、所得税负最低、总税负最低三种情况分别考察,结果如下。

第一,只考虑增值税税负最低(见表 5.7)。

表 5.7　目标为增值税税负最低

约束条件	最优解
项目公司增值率 AR 项	20.000%
A 公司管理费率 MR	7.000%
项目公司分享增值	2.00
A 公司收入	0.70
建工公司收入	7.30

各主体承担的税负与总体税负如下(见表 5.8):

表 5.8　各主体承担的税负与总体税负

税种	参数	金额(亿元)
项目公司的增值税	$T_{项增}$	0.164 31
项目公司的所得税	$T_{项所}$	0.509 625
建工公司的增值税	$T_{建增}$	−0.030 8
建工公司的所得税	$T_{建所}$	−0.003 234
A 公司的增值税	$T_{中增}$	0.016 8
A 公司的所得税	$T_{中所}$	0.003 36
总的增值税	$T_{总增}$	0.150 31
总的所得税	$T_{总所}$	0.509 751
增值税与所得税之和	$T_{总}$	0.660 061

上述结果表明,在总体增值税税负最低目标下,建工集团出现了增值额与所得额为负值的情况。为此我们再增加一个约束条件,即建工集团增值额大于等于零。规划求解结果如表 5.9 所示:

表 5.9　目标为增值税税负最低，且建工集团增值额大于零

约束条件	最优解
项目公司增值率 AR 项	17.200%
A 公司管理费率 MR	7.000%
项目公司分享增值	1.72
A 公司收入	0.70
建工公司收入	7.58

各主体承担的税负与总体税负如表 5.10 所示：

表 5.10　各主体承担的税负与总体税负

税种	参数	金额(亿元)
项目公司的增值税	$T_{项增}$	0.147 51
项目公司的所得税	$T_{项所}$	0.446 625
建工公司的增值税	$T_{建增}$	−2.44E−17
建工公司的所得税	$T_{建所}$	−2.56E−18
A 公司的增值税	$T_{A增}$	0.016 8
A 公司的所得税	$T_{A所}$	0.003 36
总的增值税	$T_{总增}$	0.164 31
总的所得税	$T_{总所}$	0.449 985
增值税与所得税之和	$T_{总}$	0.614 295

第二，只考虑所得税税负最低(见表 5.11)。

表 5.11　目标为所得税税负最低

约束条件	最优解
项目公司增值率 AR 项	0.000%
A 公司管理费率 MR	2.000%
项目公司分享增值	0.00
A 公司收入	0.20
建工公司收入	9.80

各主体所承担的税负与总体税负如表 5.12 所示：

表 5.12　各主体所承担的税负与总体税负

税种	参数	金额(亿元)
项目公司的增值税	$T_{项增}$	0.044 31

续表

税种	参数	金额(亿元)
项目公司的所得税	$T_{项所}$	0.059 625
建工公司的增值税	$T_{建增}$	0.211 2
建工公司的所得税	$T_{建所}$	0.022 176
A 公司的增值税	$T_{A增}$	0.004 8
A 公司的所得税	$T_{A所}$	0.000 96
总的增值税	$T_{总增}$	0.260 31
总的所得税	$T_{总所}$	0.082 761
增值税与所得税之和	$T_{总}$	0.343 071

第三，考虑增值税与所得税总体税负最低(见表 5.13)。

表 5.13　　目标为总体税负最低

约束条件	最优解
项目公司增值率 AR 项	0.000%
A 公司管理费率 MR	7.000%
项目公司分享增值	0.00
A 公司收入	0.70
建工公司收入	9.30

各主体所承担的税负与总体税负如表 5.14 所示：

表 5.14　　各主体所承担的税负与总体税负

税种	参数	金额(亿元)
项目公司的增值税	$T_{项增}$	0.04431
项目公司的所得税	$T_{项所}$	0.059 625
建工公司的增值税	$T_{建增}$	0.189 2
建工公司的所得税	$T_{建所}$	0.019 866
A 公司的增值税	$T_{A增}$	0.016 8
A 公司的所得税	$T_{A所}$	0.003 36
总的增值税	$T_{总增}$	0.250 31
总的所得税	$T_{总所}$	0.082 851
增值税与所得税之和	$T_{总}$	0.333 161

当然，上述假设条件如有变化，我们还可以进行敏感性分析。

三、纳税策划过程中的建议

(一)方案的落实及修正

将制定好的纳税筹划方案，与当地主管税务机关进行沟通，办理有关的纳税事宜。如果该方案与主管税务机关的争议比较大，还需要进一步修正或调整。待方案确定落实之后，制定相应的会计核算制度、纳税申报管理制度，并在项目实施过程中进行微调。

纳税策划流程如图 5.3 所示。

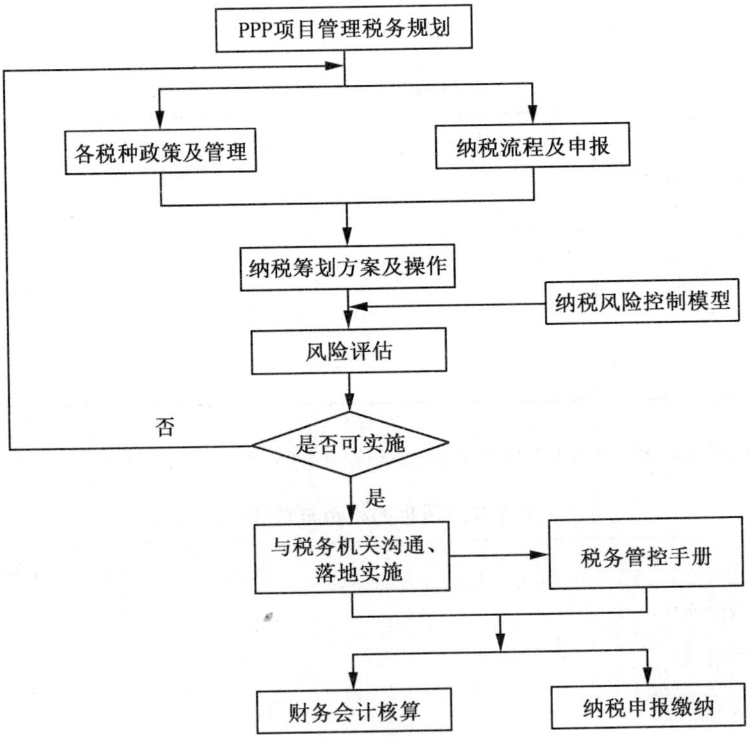

图 5.3 纳税策划流程

(二) 策划方案未涵盖问题的解决

1. 关于跨县(市、区)纳税的法律规定

纳税人跨县(市、区)提供建筑服务，按照以下规定预缴税款：

(1)一般纳税人跨县(市、区)提供建筑服务，适用一般计税方法计税的，以取得的全部价款和价外费用扣除支付的分包款后的余额，按照2%的预征率计算应预缴税款。

(2)一般纳税人跨县(市、区)提供建筑服务，选择适用简易计税方法计税的，以取得的全部价款和价外费用扣除支付的分包款后的余额，按照3%的征收率计算应预缴税款。

(3)纳税人跨县(市、区)提供建筑服务，按照以下公式计算应预缴税款：

适用一般计税方法计税的，应预缴税款=(全部价款和价外费用－支付的分包款)÷(1+10%)×2%

适用简易计税方法计税的，应预缴税款=(全部价款和价外费用－支付的分包款)÷(1+3%)×3%

纳税人取得的全部价款和价外费用扣除支付的分包款后的余额为负数的，可在结转下次预缴税款时继续扣除。

纳税人应按照工程项目分别计算应预缴税款，分别预缴。

(4)纳税人按照上述规定从取得的全部价款和价外费用中扣除支付的分包款，应当取得符合法律、行政法规和国家税务总局规定的合法有效凭证，否则不得扣除。

2. 需要解决的前期准备工作

自1994年税制改革以来，我国一直实行的是分税制管理模式，即分类为中央税种、地方税种以及中央与地方共享税种，其中：(1)中央税包括：消费税、关税、车辆购置税、海关代征的增值税和消费税；(2)地方税包括：土地增值税、印花税、城市建设维护税、城镇土地使用税、房产税、城市房地产税、车船使用税、车船使用牌照税、契税、耕地占用税、屠宰税、筵席税、牧业税。(3)中央与地方共享税包括：增值税、企业所得税、个人所得税、资源税、证券交易印花税；这种分税制的征收管理模式，导致各地政府及税务机关(尤其是地方税务机关)或明或暗地争抢税源，而这种竞争性的税源争抢必然给企业，尤其是集团企业造成一定程度的重复纳税问题，需要建筑集团公司在营改增实施过程中妥善解决。目前集团纳税现状以及存在的问题如下：

因为我国的税制设计是以法人作为纳税主体的，其纳税地点一般在机构所在地主管税务机关，而这样必然导致集团公司在全国其他地区的税源被虹吸到集团机构所在地。因此，一般各地政府及税务机关要求集团企业必须在项目(工程)所在地设立子公司(或者分公司)，这样就能够取得征税权；而这种被项目(工程)所在地政府或税务机关强制要求设立的子公司(或分公司)往往不被集团所在地税务机关认可，导致重复纳税；这样的结果，往往会导致集团企业的管理层级增加，无法实行集中采购、集中开票的财务共享中心的建设，制约集团企业建立现代财务管控制度，以省(直辖市、计划单列市)为范围，设立一家子公司(或分公司)协调全省范围内(直辖市、计划单列市)项目(工程)的统一纳税问题，与所在地省级税务机关协调，在全省范围内合并缴纳各税。对土地、不动产、车船等征收的各种税种，明确以一个县级(市、区)税务机关统一缴纳，不再纳入统一纳税。但需要开具好完税证明，避免重复纳税；协调集团所在地主管税务机关及政府，争取取得汇总纳税资格，能够将集团公司在外地所缴纳的各种税款进行抵扣或者抵免。作为建筑集团公司应该及时汇总各个下属子公司的纳税情况，便于统一安排、协调。让各个下属子公司填写下面的表格(见表 5.15)，汇总情况并协助子公司解决相关问题。

表 5.15　　地方政府预交税种调查表

项目 / 税种	项目	分公司	开具完税证明(出具地方税务局或政府证明)	是否返还	可否抵免
1. 增值税					
2. 城建税及附加					
3. 印花税					
4. 房产税					
5. 车船税					
6. 耕地占用税					
6. 临时耕地占用税					
7. 土地使用税					
8. 土地增值税					
9. 契税					
10. 所得税					
备注					

填报说明：

(1)项目一栏填写地方政府在要求缴纳不同税种、税款时，是按照工程造价、合同金额、完工进度、竣工决算金额计算缴纳税款。

(2)分公司一栏填写地方政府在预交各种税时，是仅仅就归属本辖区的项目缴纳，还是汇总归属分公司的所有项目缴纳。

(3)增值税预交税款，是否按照税法规定的比例，是按照工程造价、合同金额、完工进度、竣工决算金额计算缴纳税款。

(4)临时耕地占用税是最近财力紧张的地方政府发明的一个新税种，有特殊性程序，如有地方政府要求缴纳，及时填报汇报集团。

(5)所得税填报地方政府是否按照工资、收入、资产比例要求预交。

第六章 绩效评价基本框架

一、绩效管理概述

绩效管理是对个人、部门、组织或某项政策、项目和工作的行为和结果进行评估、分析和管理的过程，旨在通过准确地量化评估绩效，分析影响绩效的因素，总结相关工作的经验和问题，建立基于绩效的工作评价机制和薪酬激励机制，从而实现公司的战略目标和完成组织的职责，提高预算的经济和社会效益。在绩效管理中绩效评价具有重要的地位。

就国家层面来看，绩效管理体系可以分为全面绩效管理、局部绩效管理和混合绩效管理三种类别。

（一）全面绩效管理

实施全面绩效管理的国家通常要求各级政府所有重要领域内广泛建立绩效监测与评价体系。目前西方主要发达国家均采用全面绩效管理，比较具有代表性的国家包括美国和澳大利亚。

一些较早引入评价文化的国家（例如澳大利亚等）经常采用全面法，该方法下政府全面推动并不意味着一蹴而就，而是需要至少十年时间才能在整个政府部门建立可持续的评价体系（世界银行，1999）。全面法获得成功的先决条件是：获得政府的长期支持，拥有必要的评价技术，能够建立公务员结构和制度并能充分利用监测与评价结果。一些发展中国家也必须从发展援助机构中获得长期而稳定的支持。在实施千年发展目标时，许多发展中国家都希望能够设计和实施全面的政府评价体系。当国际援助贷款越来越关注发展结果时，更多的援助国、政府和其他机构都开始帮助发展中国家增强评价能力，建设评价体系。

在美国，联邦政府是各级政府中最迟采用绩效评价体系的。早在 20 世纪 70 年代，美国的一些地方政府就开始对绩效进行评价，随后逐步推广到州政府和联邦政府。在美国政府绩效评价工作发展过程中具有里程碑意义的是 1993 年颁布的《美国政府工作绩效与效果法案》(GPRA),该法案要求美国所有政府部门都必须开展以结果为导向的绩效评价工作。GPRA 直接改变了美国政府绩效评价活动的组织、实施与管理方式。同时,该法案也是一种基于试点展开的全面绩效管理。

澳大利亚推进全面绩效管理与评价的活动始于 1987 年。澳大利亚能够建立强大的评价体系主要归功于以下两大要素:首先,预算的硬约束迫使政府寻找资金分配的最优方式;其次,澳大利亚政府中的两大重要机构——财政部和国家审计署均积极推动评价工作的开展。此外,全面绩效管理的工作还获得了内阁成员及主要政府部门的支持,并积极使用评价结果来改进政府决策。

(二)局部绩效管理

局部绩效管理是指先从政府的某一部门进行试点,待取得成效和具备充分人力资源储备后再向其他部门推广并最终实施全面绩效管理的过程。局部绩效管理一般适用于绩效评价工作处于起步阶段,绩效管理专业人才不足,绩效管理体系尚不健全的国家。由于政府各部门绩效管理的能力不尽相同,全面绩效管理不可能在政府所有部门内同时建立,只能循序渐进,逐步推广。在实施局部绩效管理的过程中,某一级政府的创新成果往往还会向其他同级或上下级的政府部门进行推广和传播。例如,墨西哥的社会发展部、约旦的计划部、吉尔吉斯的卫生部等都是这些国家最早进行绩效评价的部委。对于一些不具备实施政府全面推进法的国家而言,从某些重要部门开始建立评价体系可能是最好的解决办法。

(三)混合绩效管理

爱尔兰等一些国家采取了混合绩效管理体系,对政府支出项目和其他部分领域(如欧盟结构基金资助的项目)进行全面评价,而对其他领域的项目则较少开展绩效评价。根据国情选择性地开展绩效评价对许多发展中国家来说不失为一种较好的选择。

需要指出的是,企业的绩效管理与财政支出绩效管理、发展项目绩效管理既存在类似之处,也存在不同。但是,无论是企业绩效管理还是财政支出绩效管理,抑或是发展项目绩效管理,绩效评价均是关键环节。后文主要从企业绩效管理的角度讨论绩效评价的基本框架。

二、绩效评价的基本逻辑框架

19 世纪初,罗伯特·欧文(Robert Owen)将工作绩效分为恶劣、惰懒、良好和优秀四个等级,在苏格兰的新拉纳克实施了绩效管理实验并取得显著成效,从而开启了企业的绩效管理实践。20 世纪初,以泰勒的科学管理思想为代表的企业绩效管理,着力于标准化作业流程和培养一流工人,绩效管理获得系统性发展。

20 世纪 50 年代，彼得·德鲁克将重视人与重视物并重，主张通过让员工参与到目标的制定和充分尊重员工的意愿以激励员工的积极性，从而提出了目标导向的绩效管理体系。这一观点从目标制定出发，通过评价目标的实现情况评价员工的绩效，最后依据绩效对员工进行奖惩。

20 世纪 50～80 年代，学术思想不断推陈出新，权变理论、激励理论、领导理论以及战略管理等的出现和发展极大地促进了绩效管理理论的发展，绩效管理逐渐以战略管理的思维为指导，20 世纪 80 年代，关键绩效指标的提出为公司将组织绩效和个人绩效之间的衔接与整合提供了有效的工具。

20 世纪 90 年代至 21 世纪前 10 年间，卡普兰与诺顿合作出版了几部经典著作，先后提出了通过关键业绩指标、平衡记分卡和战略地图实施绩效管理的思想，其中《战略地图》是其基于公司战略实施绩效管理的集大成之作，通过财务目标、客户、内部运营和组织的学习与成长四个层面将战略目标分解为可操作的关键绩效指标，并构建公司的绩效管理体系。

绩效管理的关键环节包括绩效目标的确定、绩效指标及其评分方法的选择、绩效评价数据的获取以及绩效评价分析。

（一）以结果为导向的绩效目标设计

绩效目标是一个组织、一项活动或某个个体在一定时期内希望实现的业绩值。绩效目标直接影响绩效指标体系及绩效指标标杆值的设计，是绩效管理的重中之重。理论界和实业界对如何设计绩效目标提出了许多方案，其中应用最广的绩效目标设计原则是 SMART 原则，即 Specific（具体的、明确的）、Measurable（可衡量的）、Achievable 或 Attainable（可实现的）、Relevant（相关性）和 Time-bounded（时间限制的）。有学者在 SMART 的基础上增加了 CAKE（Consistent，Agreed，Key，Each），提出了 SMART CAKE（聪明蛋糕）原则，使得绩效目标的设计原则更加全面和具体。

1. 具体的、明确的（Specific）原则

绩效目标必须是指向明确和界定清晰的。在确定绩效目标的时候，每个目标要具体到每个组织、团队、个人或业务活动，并且不同主题之间的目标可以被清晰区分，目标实现的难易程度也是可以被确定的。

随着战略绩效管理的兴起，人们将绩效管理视为战略规划的一项重要内容，而绩效目标的确定也基于战略目标的逐层分解，因此也有人将 SMART 中的 S 表述为战略性的（Strategic），即绩效目标必须与组织战略相适应，要求在制订绩效目标时，应对组织战略有清晰明确的目标界定，同时在公司战略目标的分解与衍生过程中应避免制定不切实际、指标好看但无助于实现公司战略目标甚至适得其反的绩效目标。

2. 可衡量的（Measurable）原则

只有可量化的目标才可以被计量和测评，绩效评价的结果才可能客观和公正。

绩效评价时，评价人员需要对目标的实现程度、目标的实现质量及其时效等方面做出准确的评估，定性的目标描述很难准确地估算，主观性目标将极大地限制绩效评价结论的可靠性和准确性，从而最终影响绩效管理的效果。

3. 可实现的(Achievable 或 Attainable)原则

具有挑战性和激励意义的目标才是有价值的，但是目标确定过高导致组织或个人无论如何努力也难以实现，这种目标就会带来消极的负面效果，影响员工的工作积极性。当然，目标定得过低从而不需要努力就能轻松完成，这种目标没有压力，也难以激发员工的工作激情。绩效目标的设置，应该是积极进取的，具有成长突破性，体现出超越对手、超越自我的竞争意识，这是现代商业社会的必然要求。

4. 相关性(Relevant)原则

绩效目标并不是越多越好，过多的绩效目标设定会分散组织的资源甚至误导员工的努力方向。绩效目标应紧扣组织的总体战略目标，所有的绩效目标应围绕组织的核心任务，与组织核心任务无关的目标均应排除以免分散组织资源和偏离组织的发展方向。在目标分解的时候也应围绕上级目标设定最为相关的分项目标，从而实现各层级的目标具有一致性、协同性和相关性。

5. 时间限制的(Time-bounded)原则

绩效目标必须有明确的时间限定，通常会设定中长期绩效目标、短期绩效目标，大多数情况下组织的绩效目标是按年度设定，但组织的战略性目标可以长达 3 年、5 年甚至更长，而短期绩效目标可以分为季度绩效目标和月度绩效目标，有时候还会进一步细分为半月、每旬甚至每天的绩效目标。绩效目标设定时间的长短和组织的性质、活动类别和评价的精细化等相关。

6. Consistent(一致性)原则

绩效目标的一致性体现在时间上要前后一致，具有延续性和稳定性；上下级绩效目标之间是相互衔接的，具有连贯性；部门横向之间是形成合力的，具有协同性。

7. Agreed(认同度)原则

绩效目标不仅仅是需要领导层的确认，还需要组织内绝大多数员工的认同。一般来说，绩效目标确定过程是一个逐层讨论、共同认可、协商一致的过程，只有被广泛认同的目标才能具有约束力和指导性，有助于每个具体目标的实现并最终实现组织的总体绩效目标。

8. Key(关键性)原则

目标设置过多是绩效目标设置中很容易犯的错误。当目标设定过多的时候，一方面会让组织和员工无所适从，另一方面也可能使关键目标被一些次要的、不相关的目标所淹没，从而找不到工作的重心。因此绩效目标的设计和选择应紧紧围绕组织战略，遴选出起关键作用的、对组织总体目标的达成起主要作用的重点和关键目标。

9. Each(个性化)原则

个性化原则有两个维度，首先是所有的绩效目标必须落实到具体的岗位和人员，在目标具体化的前提下将每个具体目标对应到具体的个体；其次目标标杆值的确定需要充分考虑不同岗位和不同人员之间权责差异、资源条件差异及胜任能力差异等，目标设置时要区别对待。当然，个性化目标差异不能牺牲公平与公正原则，与绩效目标差异相对应的是绩效激励的差异。

在设计绩效目标的时候除了需要遵循以上原则外，还应该遵循以结果为导向的指导思想，避免过多地关注事情的过程管理。以结果为导向既可以使绩效评价具有明确的方向，也可以极大地促进绩效的提升。以往的绩效目标和绩效评价指标体系在关注结果的同时，还予以态度、努力程度、作业过程等方面的充分考虑，虽然使得绩效管理工作更加全面，但分散了目标，可能带来绩效管理的导向出现偏差。

对一个事项进行绩效管理的时候需要了解该事项从筹备到实施再到产生效果的全过程。这一过程大致上可以分成投入、活动、产出、结果/效果和影响等几个阶段(见图 6.1)。在投入阶段，需要了解完成该事项需要投入哪些以及多少资源，以及这些资源可以有哪些组合方式，哪种组合方式更具有经济性。活动阶段则需要了解该事项具体由哪些活动构成，项目的具体内容是什么，实施主体是谁，组织管理方式是什么，有哪些利益相关者等。

明确事项的绩效目标是实施绩效管理的核心内容。绩效目标通常包括总体绩效目标和具体绩效目标。以结果为导向实施绩效管理是国际绩效管理的总体趋势，绩效目标的确定也越来越侧重于事项的结果。总体绩效目标是指事项完成后预期可以实现的综合性目标。具体目标则需要明确事项完成后预期可以达致的可以量化的具体成效，一般可以分解为产出目标、效果目标和可持续目标。

很多时候事项完成并不意味着该事项的完全结束。比如，一项工程完成之后，还需要投入使用，于是就会带来工程使用过程中的维护、保养和妥善使用等问题，这就需要考虑工程的可持续性。另外，工程投入使用后可能会带来一些间接的影响，如对周边环境、对所处社区的民生、对社区经济等都可能带来长远的影响，因此还需要对事项的长远影响进行评估。

图 6.1 概述了事项的全过程绩效管理，也是绩效管理的基本逻辑框架。

该逻辑框架可以大致上分为事前、事中和事后三个阶段。事前阶段主要是项目实施之前的准备阶段。事前阶段主要考虑的是项目的投入资源和组织架构的准备，项目实施单位需要清楚知道项目的实施计划和预期目标，为实施项目需要投入的资源数量与资源类别，以及项目的组织实施计划。

事中阶段是项目确立后具体实施过程，项目实施单位需要切实投入相关的资源并按照预定计划推进项目的落实，随时跟踪考察项目的实施进度是否与预期相符，如

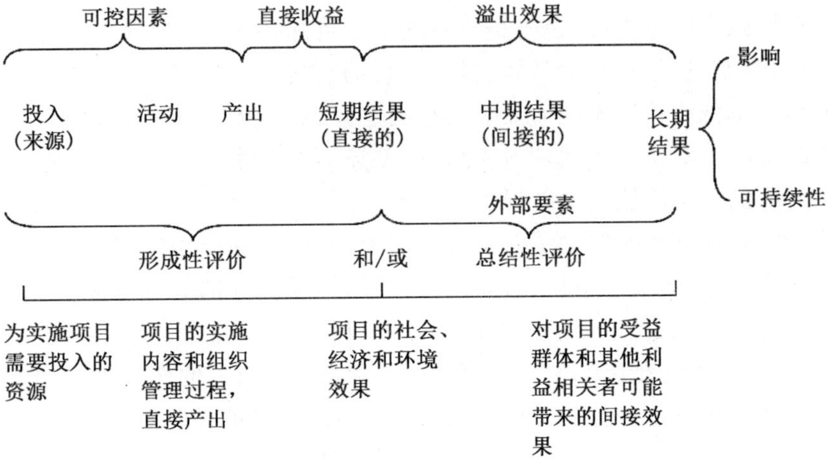

图 6.1　绩效管理基本逻辑框架

果出现进度或绩效目标方面的偏差，必须及时采取措施调整予以完善，以确保项目按照计划推进。项目在实施过程中如果发生重大影响事件改变项目的实施可能性，或遇到不可抗力影响，则应及时评估项目的实施可行性，采取相应的应对措施或取消项目实施。

事后阶段是指项目完成之后需要对项目的绩效进行评价评估，总结项目组织实施过程中的经验与教训，对项目的相关人员依据项目绩效进行奖惩。一般来说，项目的直接产出比较容易在项目结束的时候获得量化数据并进行绩效评价，但对于一些以社会效果为主要目的的公益性项目，其绩效指标和指标的量化评价就会存在困难，而且项目的效果需要在项目完成并实施之后的较长时间后才能显现，事后阶段的绩效管理并不意味着必须是在项目结束时立即对项目实施绩效评价。如果需要对项目的影响进行评价，则评价时点离项目完成时点更加长远，一般根据项目特性需要项目完成之后三五年才开展绩效评价，有些项目甚至会在完成十年之后进行绩效评价。

（二）绩效评价指标设计

企业绩效评价过程会受到许多因素的影响，因此在评价的时候在以结果为导向的同时兼顾各方面因素进行综合评价，才能够按照企业的管理需要准确、真实地反映企业绩效。企业绩效评价系统包括以下六个基本要素。

1. 评价主体

绩效评价主体又称为绩效评价组织机构，是绩效评价活动的发起者和组织者、实施者。不同的绩效评价主体直接决定绩效评价的目的，并进一步影响绩效评价的指标体系和评价结果的应用。

不同利益主体有着不同的诉求，评价主体代表的利益群体不同，其出发点和评价的关注点就会表现出差异。从企业的角度分析，出资人利益是企业最核心的利益，因此绩效评价主体一般从出资人的角度出发设计能够满足其对绩效评估和监管要求的绩效指标体系，绩效评价主体一般为企业的所有人或所有人的授权代表。在我国，国有企业绩效评价的组织机构主要是政府有关部门，因此国有企业的监管部门如财政、国资、组织、人事、工委、经贸等部门，以及人大作为人民的代表机构都可以成为评价主体，组织或联合组织实施对国有企业绩效评价。

为了督导企业按照企业的战略有效运营，企业管理层也会对企业的业务和个人进行绩效评价，或者对某项工作、活动的绩效情况进行评估，以便总结经验、发现问题和纠正偏差，同时也是落实企业薪酬激励机制的重要基础。过去许多的学者均从企业内部管理的角度提出了富有成效的绩效评价体系，从德、勤、绩，到员工 360 度绩效评价，再到以公司战略为导向的平衡记分卡等，都是被业界所广泛认知和应用的绩效评价体系。

出资人或利益主体有时候会因为绩效管理的专业性聘请外部专业机构对企业绩效进行评价，而企业管理层则出于独立、客观与公正的考虑聘请外部机构对企业的整体绩效或某个活动的绩效进行评价。因此，中介机构经常代表政府部门或企业管理层成为企业绩效的评价主体。事实上，只要利益相关者愿意，都可能成为企业绩效评价的主体，但绩效评价也是需要成本的，利益相关者需要权衡绩效评价的重要性与成本支出之间的匹配性。

2. 评价目标

评价目标是指企业实施绩效评价的动因以及绩效评价要实现的目的。一般来说，绩效评价往往与企业的薪酬激励紧密结合，绩效评价是薪酬激励机制的实施基础。在绩效评价过程中，绩效指标体系实质上为员工的行为提供方向性指引，因此在绩效评价指标体系设置和评价过程中，根本上都是企业战略管理的组成部分，评价目标必须与企业战略目标相一致。比如，当企业的战略目标表现为 EVA 导向时，绩效评价指标体系的设置就是以 EVA 为基础的，绩效评价的目标便体现为客观地评估一定时间内、特定的团队或企业整体实现价值增加的数量、质量和时效。

3. 评价对象

评价对象是指被评价的目标，它可以分成多种类别，比如，对企业或组织的整体绩效进行评价；也可以对国家或地方政府的某项政策、措施的绩效进行评价；经常还对某个项目、活动的绩效进行评价；还可以对企业与组织内部的团队、个人的业绩进行评价。不同的评价对象应采取不同的评价指标体系和评价方法，评价报告的应用途径和方式也会有所不同。对企业而言，评价企业的经营绩效和员工的工作绩效是企业绩效管理的核心内容。

4. 评价指标

绩效管理的重要内容之一就是设计评价指标体系。评价主体根据评价目的、绩效目标以及评价对象的特点设计评价指标体系。一般来说评价指标是多维度、多层次的，每一个维度都必须体现评价主体的某个主要评价目的，而指标分层则是为了将指标进行分解使之具备针对性和可度量性。通常来说绩效管理的指标体系有战略目标、过程管理、产出、效果和长远影响力或可持续性等几个维度，在以结果为导向的绩效管理体系中，一般赋予效果类指标的权重最高，产出类指标次之，同时兼顾战略目标和可持续性，过程管理则更多地在可度量的效果类指标难以获得的情况下会被更加关注。而指标的层次方面，一般分为一、二、三级，有时候会进一步细分为四级指标。表 6.1 是指标体系的简要示例。

表 6.1　　指标体系示例

<table>
<tr><th>一级指标</th><th>二级指标</th><th>三级指标</th><th>四级指标</th><th>指标定义</th><th>指标权重</th></tr>
<tr><td rowspan="5">战略决策</td><td rowspan="2">战略相关性</td><td></td><td></td><td></td><td></td></tr>
<tr><td></td><td></td><td></td><td></td></tr>
<tr><td rowspan="2">决策科学性</td><td></td><td></td><td></td><td></td></tr>
<tr><td></td><td></td><td></td><td></td></tr>
<tr><td>……</td><td></td><td></td><td></td><td></td></tr>
<tr><td rowspan="5">过程管理</td><td>内控制度科学性</td><td></td><td></td><td></td><td></td></tr>
<tr><td>作业流程科学性</td><td></td><td></td><td></td><td></td></tr>
<tr><td>组织完善性</td><td></td><td></td><td></td><td></td></tr>
<tr><td>制度健全性</td><td></td><td></td><td></td><td></td></tr>
<tr><td>……</td><td></td><td></td><td></td><td></td></tr>
<tr><td rowspan="8">产出目标</td><td rowspan="2">数量目标</td><td></td><td></td><td></td><td></td></tr>
<tr><td></td><td></td><td></td><td></td></tr>
<tr><td rowspan="2">质量目标</td><td></td><td></td><td></td><td></td></tr>
<tr><td></td><td></td><td></td><td></td></tr>
<tr><td rowspan="2">时效目标</td><td></td><td></td><td></td><td></td></tr>
<tr><td></td><td></td><td></td><td></td></tr>
<tr><td>成本目标</td><td></td><td></td><td></td><td></td></tr>
<tr><td>……</td><td></td><td></td><td></td><td></td></tr>
</table>

续表

一级指标	二级指标	三级指标	四级指标	指标定义	指标权重
效果目标	经济效益目标				
	社会效益目标				
	环境效益目标				
	……				
影响力目标	满意度目标				
	可持续目标				
	……				

5. 评价标准

能否对每个绩效指标确定一个具体的、可度量、可比较和可取数的标杆值直接影响绩效评价结果的质量，是实施绩效评价的前提条件。评价标准与绩效目标高度相关，企业的战略目标、经营目标、管理目标和企业的自身胜任能力等都是评价标准的确定依据，很多时候企业还会参考行业标准、通用标准和对标企业的相关标杆值作为绩效评价标准。

评价标准除了需要确定每个指标的目标值之外，还需要明确给予每个指标进行评分的具体方法。评分方法包括具体的分值计算公式、每个指标的权重分以及总绩效分的计算方法等。

评价标准应尽量客观、公平和量化。

6. 绩效分析

绩效分析是指通过案头研究、田野调查、实地访谈、问卷调查、科学测量、二手信息的收集与整理等多种途径获得相关数据，按照评价标准对各项绩效指标进行测评和计分，并最终得出总体绩效评价结论的过程。

科学取数，获得可靠、真实的相关数据是绩效分析的基础。在现实绩效评价中，取数是困惑评价人员的最重要障碍。数据有可能因为时间过久而遗失，或者感官数据不能得到及时的观测与记录，也可能因为有效或关键的检测时点已经错失，还可能因为出于保密的原因不能公开等，都可能使得评价数据无法取得，或取得的数据可靠性低。

企业绩效评价系统完善后，还要注意绩效评价的最终成果形式即绩效评价报告。评价报告需要对整个绩效评价活动进行总体描述，并完整反映绩效评价数据的取数方法和取数过程，对企业、个人或活动的绩效情况进行分析和评议，最后得出绩效评价结论。当前越来越多的评价主体还要求总结企业、个人或活动的经验、问题和建议，以便评价主体为未来的工作提供指引。

一般来说一份绩效评价报告应包括以下几个部分的内容。

(1)导言。主要描述评价主体、评价受托机构和评价对象之间的权利、义务关系，以及该次评价的指导思想、评价目的等。

(2)评价对象。包括评价对象的组织形式、隶属关系、主要领导、简要历史、所属行业、经营领域、运营情况、盈利状况和企业的战略管理情况等。

(3)评价工作的组织与实施。描述评价工作的责任主体、利益相关者的相关权责利，工作、项目的具体实施内容和组织实施流程、工作机制和管理体制等。

(4)绩效目标。总结和梳理该次绩效评价对应的绩效目标，一般分为总体目标、阶段性目标(分目标及具体目标)，具体目标中应尽可能量化战略管理、过程管理、产出、效果和影响力等方面的目标。绩效目标是绩效指标标杆值的重要依据。

(5)评价依据。陈述作为评价依据的政策法规、行业规范、企业规制、战略规划、薪酬激励合同以及其他相关的文件等，应简要描述相关文件作为评价依据的主要内容和关键资讯。文件应有正式的文号、发布时间、有效期、发布单位等关键信息。

(6)指标体系。描述绩效评价指标的设计思路、设计过程和指标体系。指标体系应展示各级指标的名称、定义、权重、评分方法和备注事项等，每个指标还应该对应具体的数据来源和取数方法。指标体系设计是绩效评价的重中之重。

企业最重要的核心任务就是创造价值，为出资人获得最大收益，因此，企业绩效指标中核心指标就是企业的关键财务指标，在考虑到企业的长远发展和战略目标的情况下，EVA 在企业绩效指标中所占的比重越来越高。

国务院国有资产监督管理委员会(国资委)对中央企业的绩效评价办法中明确指出，“企业综合绩效评价由财务绩效定量评价和管理绩效定性评价两部分组成”。其中，“财务绩效定量评价是指对企业一定期间的盈利能力、资产质量、债务风险和经营增长四个方面进行定量对比分析和评判”。

①企业盈利能力分析与评判主要通过资本及资产报酬水平、成本费用控制水平和经营现金流量状况等方面的财务指标，综合反映企业的投入产出水平以及盈利质量和现金保障状况。

②企业资产质量分析与评判主要通过资产周转速度、资产运行状态、资产结构以及资产有效性等方面的财务指标，综合反映企业所占用经济资源的利用效率、资产管理水平与资产的安全性。

③企业债务风险分析与评判主要通过债务负担水平、资产负债结构、或有负债情况、现金偿债能力等方面的财务指标，综合反映企业的债务水平、偿债能力及其面临的债务风险。

④企业经营增长分析与评判主要通过销售增长、资本积累、效益变化以及技术投

入等方面的财务指标，综合反映企业的经营增长水平及发展后劲。

设计绩效指标体系时必须合理确定绩效指标的标杆值，除了依据企业内部的战略规划、管理制度、薪酬激励制度和奖惩制度外，还可以参考国家相关规制政策、质量标准、行业标准，以及对标企业的相关做法和标准。

(7)评价报告的应用与推广。绩效评价报告是否公开，或相关信息披露到什么程度均应审慎对待。对于一些敏感性的工作和项目，绩效评价报告通常仅作为内部管理用途，不对外公开发布。但对于国家相关规制要求披露的绩效评价报告或评价报告中的部分需要披露的事项，则应按照规定予以披露。绩效评价报告的公开、公示，有助于加强社会监督、提高企业运营透明度和提升绩效管理水平，对于用好出资人或公共财政资金都有显著的促进作用。在绩效评价过程中总结的经验与教训也可以为其他企业提供借鉴与启示。

(8)评价局限性和特殊事项说明。评价方应对评价过程中受制于客观条件而存在评价结论不确定性或评价过程、方法或结论存在瑕疵予以说明。如评价对象在评价时段存在特别事项并影响了整体工作或项目的绩效时，应提供特别事项说明以解释该事项的具体情况、可能造成的影响极其对本次评价的影响等。

(9)评价责任。在评价过程中，相关各方都要承担不同的责任。评价主体应秉承独立、客观和公正的态度，采取科学、有效的方法实施绩效评价；评价对象应配合评价主体提供真实、可靠的数据和信息；其他利益相关方也要配合评价主体提供取数便利并保证信息准确、真实。

(三)绩效评价分类

绩效评价可以从不同维度进行分类。

1. 按绩效评价的时间划分

(1)日常评价

对员工和团队的日常工作进行评价，一般通过工作日志、班组日志和考勤等方式进行记录与评价。随着管理信息系统的日益强大和应用普及，对员工的日常评价变得更为容易和细致，评价成本也显著降低。

(2)长期评价

对常规性工作或经常性项目实施长期跟踪和绩效评价。当项目或某项工作是经常性的时候，企业需要对该类项目和工作建立长期绩效评价制度并加以落实。长期评价的指标体系通常相对稳定，目标值也不会轻易变更。

(3)定期评价

对企业和组织的业绩定期进行评价。一般来说企业的绩效评价时间可以是一个月、一个季度、半年、一年或者一个任期，企业绩效评价的周期需要根据企业的产业特征和评价对象的岗位特征确定，一般与企业战略目标分解相关，也与企业的文化与薪酬激励机制相关。

就财政支出项目来说，目前还没有相关的规制要求定期评价，不过越来越多的政府部门要求对财政支出项目在项目立项、实施和完工之后三个时段分别开展项目的事前评价、事中评价和事后评价。

(4)不定期评价

不定期评价主要适用于突发事件或对项目的全过程绩效管理的监控。比如组织对人员的晋升或离职进行的绩效评价，以及对企业或下属人员的日常工作表现进行纪录和评价，以便及时发现问题和解决问题，同时也为定期评价提供依据。

2. 按绩效评价的核心内容分

在评价内容方面，针对员工个人的评价与针对组织或项目的评价具有较大的不同。针对员工个人的绩效评价按照内容可以分为以下三种类别。

(1)特质导向型绩效评价

以员工的个人特质为评价重点，如员工的诚实度、团队合作性和沟通交际能力等，重点考量员工“是一个怎样的人”。

(2)行为导向型绩效评价

重点评价员工的工作能力、工作方式和工作行为，重点是员工是否具备胜任能力、工作态度如何以及工作方式是否有效等，侧重于对工作过程的考量。

(3)结果导向型绩效评价

从数量、质量和时效等方面重点评价工作的产出、效果，如产品的产量和质量、劳动效率、资本回报率、企业的经济增加值、环境保护、社会效果等。

3. 按定性与定量评价划分

(1)定量绩效评价

定量绩效评价是设计可以被量化和比较的绩效评价指标体系，采集量化数据对评价对象进行评价。定量评价所采用的数据应尽量采用客观、真实与可靠的数据，如生产指标、个人工作指标、销售额、利润额、活动频次及工作时长等。

(2)定性绩效评价

定性绩效评价是指评价主体根据一定的标准设计一套定性的评价指标体系对评价对象进行主观评价，如评价工作行为和工作结果好坏或满意与否等。有时候定性指标也会表现出量化的形态，如将满意度由“非常满意”到“非常不满意”进行几个等级的评估，则会以等级序列数据展示。

4. 按评价时点分

(1)事前评价

事前评价是指在项目或活动设立阶段或项目实施之前针对项目的预期绩效开展的绩效评价活动。在强化预算绩效管理的背景下，当前国内的企业加强了预算前评价，在编制企业、部门或项目预算的时候，要求对预期绩效做出评价，评估预算的经济性和可行性。绩效前评价有助于企业加强对资金与运营效益的管理，将资金分配到最具绩效的活动单元，提升资金的使用效果。

(2)事中评价

事中评价是指在项目实施过程中对项目实施绩效的进展情况进行跟踪评价，旨在发现项目实施过程中存在的与预期目标的偏差及存在的问题和困难，并及时进行纠偏和解决存在的问题。对于实施周期较长的项目，或者是意义重大、实施过程中存在变数较大的项目进行事中评价具有特别重要的意义。

(3)事后评价

事后评价是对项目结束之后评价其实现的绩效情况。事后评价是企业实施薪酬绩效管理的基础，也是企业实施奖惩制度的依据。以产出为导向的事后评价应在项目结束后及时开展绩效评价，以效果为导向的绩效评价则应考虑到项目效果的产生通常都滞后，因此一般在项目结束之后一段时间再实施绩效评价。

除了上述分类之外，还可以按评价的主体分为上级对下级评价、自我评价、同级互相评价和下级对上级评价；按评价的形式分为口头评价与书面评价、直接评价与间接评价以及个别评价与集体评价；根据评价标准的设计方法分为绝对标准评价和相对标准评价；根据评价的目的和用途分为例行评价、晋升评价、转正评价、评定职称评价和转换工作评价等。

第七章 营改增工作绩效评价指南

2016 年 5 月 1 日，中国政府全面实施营改增试点，将建筑业、房地产业、金融业、生活服务业全部纳入营改增试点。营改增试点的全面推开，对于以房屋建筑、基础设施、地产开发、投资运营、设计研发等为核心业务的某大型建筑集团公司来说是一次重大的工作挑战。为确保营改增工作在该局顺利开展，实现营改增的顺利落地，正确评价公司各相关部门推进营改增工作的绩效，特制订本指南对营改增工作绩效评价加以指引和规范。

一、目的

对营改增工作进行绩效评价是为了切实推进公司的营改增转型落地，全面评估全公司范围内各相关部门和个人在推进营改增过程中的工作努力和工作成果，从而达到鼓励先进、鞭策落后的作用。

本指南旨在为公司各部门、子公司在开展营改增绩效评价工作时提供具体操作指导，帮助他们更好地理解、管理和实施营改增工作绩效评价，并提高营改增工作绩效评价的规范性和质量。

二、营改增工作绩效评价定义

本指南所称的营改增绩效工作评价是指根据国家相关的法律法规，运用相应的评价准则、评价指标和评价方法对某大型建筑集团公司各相关部门在推进营改增过程中的过程管理、工作效率、工作效果和可持续性进行客观、独立、公正的评价。

三、绩效评价的原则

绩效评价应遵循以下原则：

(1)客观公正原则。应当依据相应的绩效评价准则确定关键评价问题，取数真实可靠，方法科学严谨，对主观判断应体现公正、专业与合理，确保评价结果的真实性。

(2)科学规范原则。绩效评价的方案设计应当具有科学性和可操作性，评价的实施应该遵循规范的程序。

(3)独立性原则。实施绩效评价人员不应与被评价方存在利益冲突。

(4)可靠性原则。绩效评价应方法科学、数据可靠、结论全面。

(5)结果导向原则。绩效评价以工作结果为导向，重点评价营改增工作的实际成效，专注工作目标实现程度、工作效率和工作效果以及工作的可持续性。

(6)参与性原则。各利益相关者应尽可能地以适当方式参与到绩效评价过程中来。

四、绩效评价的准则

建筑集团公司营改增工作绩效评价采用投入、效率、效果和可持续性四项准则。

(一)投入

投入是指公司为了推进营改增工作而投入的人力、物力和财力资源。投入管理强调必要性、针对性和及时性。

必要性是指投入的各项资源对于营改增工作来说是必须的。

针对性是指投入的各项资源专门用于营改增的推进工作。

及时性是指投入的各项资源必须及时地派送到所需要的部门和个人。

(二)效率

效率是指资源投入转化为结果的及时性和经济性。主要评价内容资源投入的时间效率和资源的投入产出比。

时间效率体现为资源的投入是否及时、充分；营改增的各项相关工作是否及时展开；营改增工作推进过程中是否合法合规。

资源的投入产出比考察资源的投入是否能够带来预期的产出；产出数量是否符合经济性原则。

(三)效果

效果用于评价营改增工作目标的实现程度，以及实施营改增对公司带来的经济后果和社会效应。

(四)可持续性

可持续性用于评价营改增工作的阶段性任务完成之后可能带来的持续性影响以及工作的连续性和延惯性。可持续性通常从组织、制度、人员和资金等方面的保障性进行评价。

五、营改增工作绩效目标

绩效目标是确定绩效评价指标体系和评价方法的重要依据，是公司营改增工作的方向和绩效考核标杆。

各相关单位在确定年度工作目标时应明确界定营改增工作的绩效目标，并且做到以量化目标为主、阶段目标和年度目标完整。

营改增工作绩效目标应包含总体绩效目标和具体目标。总体目标主要用于概述相关单位年度内总体上要实现的绩效目标，以效果目标为主，可以适当定性描述。具体目标必须按阶段（年中和全年）分别列示具体的各项绩效目标，应尽量量化。

六、绩效评级方法

建筑集团公司营改增工作绩效分为四个等级，分别为优（≥90 分）、良（75～89 分）、中（60～74 分）、差（＜60 分）。

本指南确定了营改增工作绩效评价的指标体系（含一、二级指标）及各项指标的权重（见表 6.1）。在具体实施营改增工作绩效评价的时候，评价方应根据指南的指标体系，结合评价对象的具体情况，细化绩效评价指标体系。细化的指标体系应至少包含三级指标，必要时还可以设置四级指标以体现个性化特征。

评价方应该根据实际业绩确定每项指标得分率，再根据指标权重计算出各项指标的具体得分，以总分确定评价对象的最后工作绩效评级。

七、绩效评价的步骤

营改增工作绩效评价包括以下几个步骤：

（一）前期准备

前期准备包括确定绩效评价的工作组、绩效评价任务和评价任务的组织实施模式等。

每次实施营改增工作绩效评价时，公司应成立绩效评价工作小组，确定工作小组成员名单。工作小组一般由一名组长和若干成员组成，成员包括绩效评价、税务、财务和人力资源等专业人士，并明确各人的具体分工。

绩效评价工作组应该具有全公司范围内协调工作的能力，小组成员应该对营改增工作及绩效评价工作均有相当程度认知。

绩效评价工作组主要职责如下：

- 确定营改增工作绩效评价任务；
- 确定营改增工作绩效评价的工作计划；
- 与绩效评价相关人员进行充分沟通，使其完全理解评价任务和工作计划的每一项内容；
- 为绩效评价活动提供必要支持和及时反馈；
- 监督评价活动的进展并进行质量控制；

● 对评价活动中出现的情况及时做出决策；

● 如委托第三方进行评价，则需要与第三方评价机构就委托事宜进行沟通并达成委托合同；如合同需要变更，应与第三方进行协商；

● 撰写并提交绩效评价报告，如委托第三方评价，则负责检查评价报告质量及其是否符合相关要求，必要时对评价报告提出修改意见并验收；

● 确保各利益相关者有机会对评价报告初稿提出意见和建议，并保证这些意见和建议以适当的方式反映在评价报告终稿中；

● 促进评价结果的使用和扩散。

（二）评价方案设计

工作小组负责制定绩效评价的具体实施方案。包括明确营改增工作绩效评价的目标、评价时段、评价指标体系、资料和数据收集方案，以及评价工作进度安排等。

评价实施方案的内容包括开发绩效评价指标体系、选择证据收集方法、设计面访、座谈会和实地调研等的问题清单，进行人员、时间和经费安排等。

（三）评价实施

按照评价实施方案开展绩效评价，包括证据收集、证据分析、形成评价结论、经验教训和建议等。

评价小组的相关工作人员应该根据各自分工进行资料和数据的收集。取数方式通常包括案头分析、卷宗查考、台账查阅、网络查询、个别访谈、集体讨论、问卷调查、基础表等，如有需要，还可以举办专门的考试和顾问咨询等方式获得必要的数据。评价人员需要根据评价方案和指标特征选择相应的适用取数方式。

在获得相关数据之后，评价人员需要对数据进行清洗、整理、归纳和分析，必要时进行第三方验证以核实数据的可靠性和有效性。根据评价方案对每个指标进行分析和评分，并完成每个指标的工作底稿。

（四）报告评价结果

对评价工作过程、方法和结论进行整理并形成绩效评价报告。报告应对被评价单位营改增工作过程中取得的成果、经验、问题进行总结，并对存在的问题提出针对性的改进建议。按照一级指标分类分别对各项指标进行绩效分析，说明各项指标的评分理由和依据，并最终对评价对象给出综合绩效评估。

（五）评价结果的使用和扩散

绩效评价小组应通过适当的渠道对评价结果予以公示，并将营改增工作绩效作为整体绩效评价的重要组成部分。

八、建筑集团公司营改增工作绩效评价指标体系

（一）编制绩效指标体系的指导思想

按照中建集团营改增工作的总体部署，根据建筑集团公司营改增工作的具体情

况，结合各个业务单元的营改增工作特点，制定具有可操作性的科学、系统的工作绩效评价指标体系和评价方法，为该局科学评价营改增的工作绩效提供科学合理的方法，从而切实推进建筑集团公司营改增的工作。

（二）绩效指标体系的编制原则

1. 合法合规与灵活高效相统一原则

公司所有的营改增工作必须符合国家的相关法律法规，符合地方政府和集团公司的相关规定，评价指标体系中必须有相应的指标反映营改增工作的合法合规性。与此同时，在不违背相关法律法规的前提下，公司应该积极推进纳税筹划，一方面为公司尽可能合理减少税务负担；另一方面根据税负差异和公司竞争优势灵活高效地推进业务转型和产业结构优化，并最终为公司谋求最大经济效果。

2. 经济效果与科学管理相统一原则

营改增的工作绩效首先应该表现为公司经济指标的提升，其次也应该强调管理过程的规范化和科学化。获取经济效果是公司所有经营活动的最终目标，而规范与科学的管理是保障公司获得良好经济效果的保障。

3. 理想目标与现实可能相结合原则

从理想的角度设置指标体系，从现实的可能确定评价的方法。理论上我们可以设置完整和可靠的指标体系，但在现实评价过程中经常会受制于数据的可获得性、有效性和可靠性，受制于外部环境的约束以及评价手段的制约等，不能够完全按照理想情况实施评价，这就需要采取务实的态度选择合适的评价方法。

4. 改革与创新相推动原则

改革是指部门整体支出绩效目标编报工作要适应新形势新任务的需要，解决当前影响财政资金使用效益的问题，要与整个社会经济的全面深化改革一致前进。创新是指绩效目标编报要敢于突破旧框架、旧观念的束缚，大胆探索，不断创新管理理念、管理方法，不断完善相关政策措施，不断优化内部流程，从制度机制上解决预算编制工作中存在的突出矛盾和问题，在创新中推进，在改革中发展，充分发挥财政部门职能作用，不断提高财政资金使用绩效。

（三）绩效指标体系的编制流程

(1)对建筑集团公司的总体情况和业务结构进行排摸分析，厘清建筑集团公司内部与营改增工作的相关部门、工作内容、工作目标和实施路径。

(2)对相关部门的职能进行梳理，确定相关部门履职过程中的税务工作内容。

(3)结合该局及下属相关部门的中长期规划和年度工作计划，预计在评价周期内要实现的总体产出和结果，以此确定该局及其相关下属部门总体绩效目标，以定量和定性指标相结合的方式进行表述。

(4)依据总体绩效目标，结合相关部门的具体情况，确定营改增工作预计要实现的产出和结果，并依此确定相应的绩效指标。

(5)通过收集相关基准数据，如过去三年的平均值、以前某年度的数值、平均趋势、类似部门的先进水平、行业标准、经验标准等，确定绩效标准，并结合年度预算总体安排，确定绩效指标的具体数值。

(四)评价指标设置依据

(1)国家营改增的相关政策和法规。

(2)《关于配合营改增落实相关合约法务配套措施的通知》(局合法函字〔2016〕7号)。

(3)《关于开展营改增法治宣传月活动的倡议书》(局合法函字〔2016〕11号)。

(4)《关于做好分包报量计价方式调整工作的通知》(局商务函字〔2016〕008号)。

(5)《增值税下ERP系统会计核算方案》。

(6)《建筑集团公司营改增操作指引——新项目篇(暂行)》。

(7)《建筑集团公司营改增操作指引——老项目篇(暂行)》。

(8)《中国建筑营改增合同管理应对》，法律事务部，2016年6月。

(9)《建筑集团公司建筑和地产业务营改增工作实施推进方案(暂行)》。

(五)设置绩效评价指标体系

1. 指标体系的逻辑模型

对营改增政策和相关工作规制的理解是做好营改增工作的前提，只有充分和正确理解了相关政策和公司规制，才能正确、有效地推进营改增工作。因此我们设置"政策理解度指标"以考核各级部门相关人员对营改增政策和公司相关规制的理解程度和理解准确性。政策理解度主要从年度工作计划中对营改增工作目标的确定性和合理性、工作安排的相关性，以及营改增工作相关人员对国家和公司的相关政策学习、理解程度等方面进行考核。

精细化的过程管理是获得良好效果的前提。为确保公司的营改增工作获得预期效果，相关部门和人员在落实营改增工作过程中必须做到合法、合规，同时准确高效地执行营改增政策法规和公司制度。为此，我们设置"执行合规性"指标加以考核，并用专票准确率考核公司运营过程中专票的获得率和专票的准确率；用合同管理规范性指标考核相关业务单位是否按照公司规范确定合同的相关条款；用ERP系统录入操作规范性指标和增值税预警次数指标分别考核相关部门的信息管理质量和税务部门对公司增值税工作质量的监督状况。

营改增工作绩效的直接体现为公司整体税负的降低、税务管理优化以及公司依法纳税等方面。按照国家政策规定合法合规纳税是营改增工作的基本要求，也是底线。因此，指标体系中对纳税的合规合法应予以充分的体现。

从商业逻辑来说，公司的最终绩效还是需要反映在EVA等财务指标上，拖累整体财务业绩的税负降低绝对不是一个好的税务筹划。因此，尽管公司 EVA 等经济指标的变化很难直接归因于营改增工作的绩效，营改增工作绩效评价指标体系还是必须对经济后果有所反映。

反映经济后果的财务指标可以有两种选择。一是遵循从简、综合原则，仅用 EVA、ROI 和 ROE 三个具有代表性的综合性指标来评价营改增工作的财务绩效。另一种方法是采用国资委的完整绩效指标体系以全面地考核公司的财务绩效。两种方法各有优劣，具体在进行绩效考评时可以根据具体情况和实际需要加以选择。

控制公司的税负也是营改增工作的重要绩效目标，具体采用实际税负降低率和预算收入完成率来评价营改增工作对公司税负的影响。税负降低是涉税工作良好的直接效果，同时考核预算收入完成率则可以消除因收入异常变化可能带来的税负指标的偏差。

在因果关系比较含糊的情况下，过程管理指标就会被用来部分替代对工作绩效的考核。这种方法的基本逻辑是，如果过程管理是科学有效的，那么良好的工作绩效就可以被预期。卓有成效的工作需要合理的资源投入，同时还需要科学的组织和有效的制度提供保障。这些方面的投入既是当前营改增工作的重要保障，也是确保未来营改增工作得以持续顺利推进的前提，因此我们将人员保障、组织保障和制度保障归到了可持续性类指标中。

指标体系的逻辑模型如图 7.1 所示：

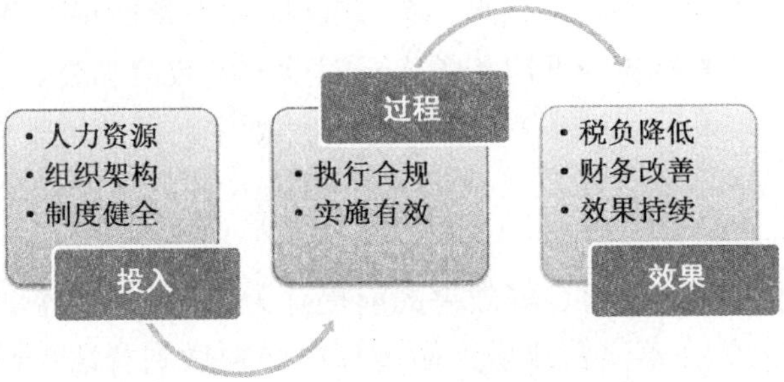

图 7.1 指标体系的逻辑模型

2. 建筑集团公司营改增工作绩效评价指标体系及其权重设计

按照指标体系的逻辑模型，建筑集团公司营改增工作绩效评价指标包括政策理解度、执行合规性、经济后果和可持续性四个部分，体现被评价单位从学习和理解相关政策入手，合法合规执行国家、地方和集团公司的相关法律法规，努力实现预期经济效果，并建立一套可持续的营改增工作管理机制的工作绩效评价路径。

各项指标的权重原则上为政策理解度 10%、执行合规性 35%、经济效果 35%、可持续性 20%。每次评价可根据具体情况酌情调整指标权重。

3. 建筑集团公司营改增工作绩效评价指标体系

表 7.1 以 2016 年建筑集团公司营改增工作绩效评价为例，系统地列示了除国资委企业绩效评价财务指标外的完整营改增工作绩效评价指标。表 7.2 则列示了国资委的企业绩效评价指标作为公司在确定营改增工作绩效评价指标时的备选。

表 7.1　　营改增工作绩效指标明细表

一级指标	二级指标	三级指标	权重	指标解释	目标值	评分方法	取数方法
政策理解度(25%)	绩效目标科学性(6%)	绩效目标明确性	3	考察年度工作计划的营改增工作绩效目标是否明确、量化	明确	年度工作计划对营改增提出明确工作绩效目标，包括政策学习目标、经济效果目标、过程管理目标和可持续性目标	案头调研文档查阅
政策理解度(25%)	绩效目标科学性(6%)	绩效目标合理性	3	考察年度工作计划的营改增工作绩效目标是否合理	合理	年度工作计划中营改增工作绩效目标合理	案头调研文档查阅
	与集团规划一致性(6%)	与集团工作规划一致性	3	本公司的工作计划是否符合集团关于营改增的相关安排	一致	公司的年度工作计划中关于营改增的安排与集团一致	案头调研文档查阅
		与本公司工作计划相关性	3	工作计划中是否对营改增做出相关安排	相关	在年度工作计划中是否对营改增做出明确的计划部署	案头调研文档查阅
	政策宣传参与度(8%)	征文	2	考核是否积极参与公司主办的征文活动	考核期内≥5 篇	在公司主办的征文活动中采用文章篇数，每采用一篇得 20%权重分	基础数据表
		专刊	2	考核是否为公司的专刊积极投稿	考核期内≥5 篇	在公司主办的专刊采用文章篇数，每采用一篇得 20%权重分	基础数据表
		专栏	2	考核是否为公司的专栏积极投稿	考核期内≥5 篇	在公司主办的专栏采用文章篇数，每采用一篇得 20%权重分	基础数据表
		简报	2	考核是否为公司的简报积极投稿	考核期内≥5 篇	在公司主办的简报采用文章篇数，每采用一篇得 20%权重分	基础数据表
		发表相关论文数	—	考察对营改增工作的研究水平	—	核心刊物每发表一篇得 3 分，3 篇非核心刊物文章等同一篇核心刊物，没有发表文章不得分(只做加分项，不扣分)	基础数据表
	业务学习(5%)	业务学习	5	考核参加局主办的培训次数及各单位自行组织学习营改增相关政策的次数	应参加人员全勤参加局主办培训；各单位自行组织培训次数≥3 次	全勤参加局主办培训得 50%权重分，局主办培训活动缺勤率每 5%扣 10%权重分；单位没有举办培训活动或派人参加外部培训，扣 50%权重分，组织 1 次以上得 50%权重分	基础数据表
执行合规性(40%)	专票准确率(12%)	专票取得率	4	实际取得专用发票数/按规定应取得专票总数	100%	以考核单位中该指标排名为依据，排名前 10%得满分，前 20%得 90%权重分，前 35%得 70%权重分，前 50%得 50%权重分，前 70%得 30%权重分，后 30%不得分	基础数据表
		进项专票差错率：不能抵扣的进项专票率	4	不能抵扣的进项专票数量(不含进项转出专票)/实际取得专票总数	0	以考核单位中该指标排名为依据，排名前 10%得满分，前 20%得 90%权重分，前 35%得 70%权重分，前 50%得 50%权重分，前 70%得 30%权重分，后 30%不得分	基础数据表
		进项专票差错率：逾期未抵扣进项专票率	4	逾期未抵扣进项专票数量/实际取得专票总数	0	以考核单位中该指标排名为依据，排名前 10%得满分，前 20%得 90%权重分，前 35%得 70%权重分，前 50%得 50%权重分，前 70%得 30%权重分，后 30%不得分	基础数据表

续表

<table>
<tr><th>一级指标</th><th>二级指标</th><th colspan="2">三级指标</th><th>权重</th><th>指标解释</th><th>目标值</th><th>评分方法</th><th>取数方法</th></tr>
<tr><td rowspan="14">执行合规性(40%)</td><td rowspan="3">发票差错率(9%)</td><td colspan="2">红字发票率</td><td>3</td><td>红字发票率＝红字发票数/发票总数×100%</td><td>0</td><td>以考核单位中该指标排名为依据，排名前10%得满分，前20%得90%权重分，前35%得70%权重分，前50%得50%权重分，前70%得30%权重分，后30%不得分</td><td>基础数据表</td></tr>
<tr><td colspan="2">废票率</td><td>3</td><td>废票率＝作废发票/发票总数×100%</td><td>0</td><td>以考核单位中该指标排名为依据，排名前10%得满分，前20%得90%权重分，前35%得70%权重分，前50%得50%权重分，前70%得30%权重分，后30%不得分</td><td>基础数据表</td></tr>
<tr><td colspan="2">退票率</td><td>3</td><td>退票率＝退换发票/发票总数×100%</td><td>0</td><td>以考核单位中该指标排名为依据，排名前10%得满分，前20%得90%权重分，前35%得70%权重分，前50%得50%权重分，前70%得30%权重分，后30%不得分</td><td>基础数据表</td></tr>
<tr><td>营改增进度(2%)</td><td colspan="2">新项目一般纳税率</td><td>2</td><td>监督各公司2016年5月1日之后新项目一般纳税程度。
新项目中一般纳税项目总营业收入/全部新项目营业收入</td><td>在全部有新项目的公司中排名前10%。没有新项目的公司不考核</td><td>以考核单位中有新项目公司的该指标排名为依据，排名前10%得满分，前20%得90%权重分，前35%得70%权重分，前50%得50%权重分，前70%得30%权重分，后30%不得分</td><td>基础数据表</td></tr>
<tr><td rowspan="6">合同管理规范性(12%)</td><td rowspan="6">承包合同规范性</td><td>合同价款</td><td>1</td><td>考察是否符合局合法函字〔2016〕7号的相关规定</td><td>合规</td><td>明确按照局合法函字〔2016〕7号规定标明合同价款。每一处不符扣20%权重分，违规五处及以上不得分</td><td>基础数据表
文档查阅</td></tr>
<tr><td>合同付款条件</td><td>1</td><td>考察是否符合局合法函字〔2016〕7号的相关规定</td><td>合规</td><td>明确按照局合法函字〔2016〕7号规定标明合同付款条件。每一处不符扣20%权重分，违规五处及以上不得分。</td><td>基础数据表
文档查阅</td></tr>
<tr><td>合同保证金条款</td><td>1</td><td>考察是否符合局合法函字〔2016〕7号的相关规定</td><td>合规</td><td>明确按照局合法函字〔2016〕7号规定标明合同保证金条款。每一处不符扣20%权重分，违规五处及以上不得分。</td><td>基础数据表
文档查阅</td></tr>
<tr><td>甲供料及甲分包</td><td>1</td><td>考察是否符合局合法函字〔2016〕7号的相关规定</td><td>合规</td><td>明确按照局合法函字〔2016〕7号规定确定甲供料及甲分包条款。每一处不符扣20%权重分，违规五处及以上不得分。</td><td>基础数据表
文档查阅</td></tr>
<tr><td>五流合一</td><td>1</td><td>考察是否符合局合法函字〔2016〕7号的相关规定</td><td>合规</td><td></td><td>基础数据表
文档查阅</td></tr>
<tr><td>重大信息变更</td><td>1</td><td>考察是否符合局合法函字〔2016〕7号的相关规定</td><td>合规</td><td>明确按照局合法函字〔2016〕7号规定提供和确认重大变更信息。违背一次即不得分。</td><td>基础数据表
文档查阅</td></tr>
<tr><td rowspan="2">合同管理规范性(12%)</td><td colspan="2">分包合同规范性</td><td>3</td><td>是否按照建筑集团公司合法函字〔2016〕7号规定执行</td><td>合规</td><td>符合规定得满分。违背一项全扣分。</td><td>基础数据表
文档查阅</td></tr>
<tr><td colspan="2">分供合同规范性</td><td>3</td><td>是否按照建筑集团公司合法函字〔2016〕7号规定执行</td><td>合规</td><td>符合规定得满分。违背一项全扣分。</td><td>基础数据表
文档查阅</td></tr>
<tr><td>ERP系统与营改增规范一致性(2%)</td><td colspan="2">ERP系统与营改增规范一致性</td><td>2</td><td>ERP系统是否按照营改增要求进行调整与完善</td><td>一致</td><td>ERP系统已经进行调整和完善(1分)；建立符合营改增会计核算方法的ERP操作指引(1分)。</td><td>基础数据表</td></tr>
<tr><td>增值税预警次数(3%)</td><td colspan="2">增值税预警次数</td><td>3</td><td>(连续月份)收到税务主管部门预警通知书次数</td><td>0</td><td>一次扣权重分30%；两次扣权重分60%；三次则零分。</td><td>基础数据表</td></tr>
</table>

续表

一级指标	二级指标	三级指标	权重	指标解释	目标值	评分方法	取数方法
经济后果（15%）	财务指标（9%）	EVA	3	EVA＝税后营业净利润－资本总成本	在所有被评价单位中排名前10%。	以考核单位中该指标排名为依据，排名前10%得满分，前20%得90%权重分，前35%得70%权重分，前50%得50%权重分，前70%得30%权重分，后30%不得分。	基础数据表
		ROI	3	ROI＝年利润/投资总额×100%	在所有被评价单位中排名前10%。	以考核单位中该指标排名为依据，排名前10%得满分，前20%得90%权重分，前35%得70%权重分，前50%得50%权重分，前70%得30%权重分，后30%不得分	基础数据表
		ROE	3	净资产收益率＝净利润/平均净资产×100%	在所有被评价单位中排名前10%。	以考核单位中该指标排名为依据，排名前10%得满分，前20%得90%权重分，前35%得70%权重分，前50%得50%权重分，前70%得30%权重分，后30%不得分	基础数据表
	税负降低率指标（6%）	实际税负变动率	3	考核有效税负变动合理性。实际税负变动率＝评价期实际税负/前三年实际税负均值。实际税负＝实际纳税额/总营业收入×100%	较前三年实际税负均值的降低水平排名前十	以考核单位中该指标排名为依据，排名前10%得满分，前20%得90%权重分，前35%得70%权重分，前50%得50%权重分，前70%得30%权重分，后30%不得分	基础数据表
		预算收入完成率	3	评价期末实际收入额/评价期预算收入额	≥100%	≥100%得满分；≥95%得90%权重分；≥90%得80%权重分；≥80%得50%权重分；≥70%得30%权重分；<70%不得分	基础数据表
可持续性（20%）	应急处理机制（4%）	机制健全性	2	考察是否建立增值税相关的紧急情况处理机制	有	有相关机制得满分；没有相关机制不得分	基础数据表
		机制有效性	2	考察应急处理机制是否能够有效应对紧急情况	有效	评价期内没有紧急事件发生或所有紧急事件都得到有效处置得满分；一起以上紧急事件没有得到及时有效处理得零分。	基础数据表
	组织完善度（4%）	组织健全性	1	考察营改增工作的工作机制是否建立与完善	完善	有指定的指导机构（50%权重分），各级部门有相应的对口部门（50%权重分）	基础数据表
		业务培训制度	1	考察是否建立制度安排保障对相关人员的业务培训	健全	各相关层级均有营改增相关业务培训制度安排得满分	基础数据表
		人员配置合理性	2	人员配置与工作需要适配，考察各部门是否有充分人力专人负责营改增事宜	合理	相关岗位人员满编且员工工作强度被认为可接受得满分。编制不足、超编、工作强度过大或轻松各扣一分	基础数据表
	制度完善度（4%）	《增值税管理制度》	1	《增值税发票管理办法》	执行有效	相关办法已经建立且执行有效	基础数据表
			1	《增值税扣税凭证管理办法》	执行有效	相关办法已经建立且执行有效	基础数据表
			1	《增值税申报管理办法》	执行有效	相关办法已经建立且执行有效	基础数据表
			1	《增值税会计核算办法》	执行有效	相关办法已经建立且执行有效	基础数据表
	档案管理（4%）	档案制度健全性	2	考察档案管理制度是否健全	健全	有专人负责且人员配置合理得满分。交易记录、纳税凭证、营改增工作规制、合同等均有健全的档案管理制度	基础数据表
		档案工作有效性	2	考察相关档案是否及时、准确、安全归档	有效	有所应该归档的凭证均能及时、完整和科学归档	基础数据表
	信息化建设情况（4%）	信息化建设情况	2	考察相关部门统计工作信息化程度	有	建立统计信息化管理系统；统计数据采集网络化	基础数据表
		信息化技术适用性	2	考察信息化技术是否与营改增工作相适应	先进、适用	技术适用且具有技术先进性和前瞻性	基础数据表

表 7.2　　基于国资委企业绩效评价指标的营改增工作绩效评价指标

一级指标	二级指标	三级指标	计算公式	指标权重	标杆值	评分方法
财务类指标	盈利能力状况	净资产收益率(%)	净资产收益率=净利润/平均净资产×100%	20	在所有被评价单位中排名前10%	以考核单位中该指标排名为依据，排名前10%得满分，前20%得90%权重分，前35%得70%权重分，前50%得50%权重分，前70%得30%权重分，后30%不得分
		总资产报酬率(%)	总资产报酬率=(利润总额+利息支出)/平均资产总额×100%	14	在所有被评价单位中排名前10%	以考核单位中该指标排名为依据，排名前10%得满分，前20%得90%权重分，前35%得70%权重分，前50%得50%权重分，前70%得30%权重分，后30%不得分
		营业利润率(%)	营业利润率=主营业务利润/主营业务收入净额×100%	10	在所有被评价单位中排名前10%	以考核单位中该指标排名为依据，排名前10%得满分，前20%得90%权重分，前35%得70%权重分，前50%得50%权重分，前70%得30%权重分，后30%不得分
		盈余现金保障倍数	盈余现金保障倍数=经营现金净流量/(净利润+少数股东损益)	9	在所有被评价单位中排名前10%	以考核单位中该指标排名为依据，排名前10%得满分，前20%得90%权重分，前35%得70%权重分，前50%得50%权重分，前70%得30%权重分，后30%不得分
		成本费用利润率(%)	成本费用利润率=利润总额/成本费用总额×100%	8	在所有被评价单位中排名前10%	以考核单位中该指标排名为依据，排名前10%得满分，前20%得90%权重分，前35%得70%权重分，前50%得50%权重分，前70%得30%权重分，后30%不得分
		资本收益率(%)	资本收益率=净利润/平均资本×100%	7	在所有被评价单位中排名前10%	以考核单位中该指标排名为依据，排名前10%得满分，前20%得90%权重分，前35%得70%权重分，前50%得50%权重分，前70%得30%权重分，后30%不得分
	资产质量状况	总资产周转率(次)	总资产周转率(次)=主营业务收入净额/平均资产总额	10	在所有被评价单位中排名前10%	以考核单位中该指标排名为依据，排名前10%得满分，前20%得90%权重分，前35%得70%权重分，前50%得50%权重分，前70%得30%权重分，后30%不得分
		应收账款周转率(次)	应收账款周转率(次)=主营业务收入净额/应收账款平均余额	12	在所有被评价单位中排名前10%	以考核单位中该指标排名为依据，排名前10%得满分，前20%得90%权重分，前35%得70%权重分，前50%得50%权重分，前70%得30%权重分，后30%不得分
		不良资产比率(%)	不良资产比率=(资产减值准备余额+应提未提和应摊未摊的潜亏挂账+未处理资产损失)/(资产总额+资产减值准备余额)×100%	9	在所有被评价单位中排名前10%	以考核单位中该指标排名为依据，排名前10%得满分，前20%得90%权重分，前35%得70%权重分，前50%得50%权重分，前70%得30%权重分，后30%不得分
		流动资产周转率(次)	资产现金回收率=经营现金净流量/平均资产总额×100%	7	在所有被评价单位中排名前10%	以考核单位中该指标排名为依据，排名前10%得满分，前20%得90%权重分，前35%得70%权重分，前50%得50%权重分，前70%得30%权重分，后30%不得分

续表

一级指标	二级指标	三级指标	计算公式	指标权重	标杆值	评分方法
财务类指标	资产质量状况	资产现金回收率(%)	流动资产周转率(次)=主营业务收入净额/平均流动资产总额	6	在所有被评价单位中排名前10%	以考核单位中该指标排名为依据,排名前10%得满分,前20%得90%权重分,前35%得70%权重分,前50%得50%权重分,前70%得30%权重分,后30%不得分
	债务风险状况	资产负债率(%)	资产负债率=负债总额/资产总额×100%	12	在所有被评价单位中排名前10%	以考核单位中该指标排名为依据,排名前10%得满分,前20%得90%权重分,前35%得70%权重分,前50%得50%权重分,前70%得30%权重分,后30%不得分
		已获利息倍数	已获利息倍数=(利润总额+利息支出)/利息支出	10	在所有被评价单位中排名前10%	以考核单位中该指标排名为依据,排名前10%得满分,前20%得90%权重分,前35%得70%权重分,前50%得50%权重分,前70%得30%权重分,后30%不得分
		现金流动负债比率(%)	现金流动负债比率=经营现金净流量/流动负债×100%	6	在所有被评价单位中排名前10%	以考核单位中该指标排名为依据,排名前10%得满分,前20%得90%权重分,前35%得70%权重分,前50%得50%权重分,前70%得30%权重分,后30%不得分
		速动比率(%)	速动比率=速动资产/流动负债×100%	6	在所有被评价单位中排名前10%	以考核单位中该指标排名为依据,排名前10%得满分,前20%得90%权重分,前35%得70%权重分,前50%得50%权重分,前70%得30%权重分,后30%不得分
		带息负债比率	带息负债比率=(短期借款+一年内到期的长期负债+长期借款+应付债券+应付利息)/负债总额×100%	5	在所有被评价单位中排名前10%	以考核单位中该指标排名为依据,排名前10%得满分,前20%得90%权重分,前35%得70%权重分,前50%得50%权重分,前70%得30%权重分,后30%不得分
		或有负债比率(%)	或有负债比率=或有负债余额/(所有者权益+少数股东权益)×100%	5	在所有被评价单位中排名前10%	以考核单位中该指标排名为依据,排名前10%得满分,前20%得90%权重分,前35%得70%权重分,前50%得50%权重分,前70%得30%权重分,后30%不得分
	经营增长状况	营业额增长率(%)	营业额增长率=(本年主营业务收入总额−上年主营业务收入总额)/上年主营业务收入总额×100%	12	在所有被评价单位中排名前10%	以考核单位中该指标排名为依据,排名前10%得满分,前20%得90%权重分,前35%得70%权重分,前50%得50%权重分,前70%得30%权重分,后30%不得分
		资本保值增值率(%)	资本保值增值率=扣除客观增减因素的年末国有资本及权益/年初国有资本及权益×100%	10	在所有被评价单位中排名前10%	以考核单位中该指标排名为依据,排名前10%得满分,前20%得90%权重分,前35%得70%权重分,前50%得50%权重分,前70%得30%权重分,后30%不得分
		营业利润增长率(%)	销售(营业)利润增长率=(本年主营业务利润总额−上年主营业务利润总额)/上年主营业务利润总额×100%	10	在所有被评价单位中排名前10%	以考核单位中该指标排名为依据,排名前10%得满分,前20%得90%权重分,前35%得70%权重分,前50%得50%权重分,前70%得30%权重分,后30%不得分

续表

一级指标	二级指标	三级指标	计算公式	指标权重	标杆值	评分方法
财务类指标	经营增长状况	总资产增长率(%)	总资产增长率=(年末资产总额-年初资产总额)/年初资产总额×100%	7	在所有被评价单位中排名前10%	以考核单位中该指标排名为依据，排名前10%得满分，前20%得90%权重分，前35%得70%权重分，前50%得50%权重分，前70%得30%权重分，后30%不得分
		技术投入比率	技术投入比率=本年科技支出合计/主营业务收入净额×100%	5	在所有被评价单位中排名前10%	以考核单位中该指标排名为依据，排名前10%得满分，前20%得90%权重分，前35%得70%权重分，前50%得50%权重分，前70%得30%权重分，后30%不得分
	其他	资本积累率(%)	资本积累率=本年所有者权益增长额/年初所有者权益	10	在所有被评价单位中排名前10%	以考核单位中该指标排名为依据，排名前10%得满分，前20%得90%权重分，前35%得70%权重分，前50%得50%权重分，前70%得30%权重分，后30%不得分
		成本费用占主营业务收入比重(%)	成本费用总额占主营业务收入比重=成本费用总额÷主营业务收入×100%	10	在所有被评价单位中排名前10%	以考核单位中该指标排名为依据，排名前10%得满分，前20%得90%权重分，前35%得70%权重分，前50%得50%权重分，前70%得30%权重分，后30%不得分

九、绩效评价的质量控制

绩效评价主管部门应加强对绩效评价过程的管理，以提高绩效评价报告质量。绩效评价报告应符合公正、有用、技术适当、经济等特征。

公正：评价信息、分析判断、评价结论和完善建议等不应该含有任何偏见或被故意地扭曲。如果绩效评价受客观条件约束而可能存在不确定性的情况，评价报告中应该具体说明绩效评价的局限性。

有用：评价报告应该能够为公司分析问题、总结经验和未来决策提供有价值的参考，评价结论应及时有效。

技术适当：绩效评价必须采用科学、可靠和适配的技术方法，做到方案设计合理、数据收集可靠、分析方法适配、结论依据充分。

经济：评价活动应控制成本支出，避免收集不必要的信息和组织不必要的活动，以尽可能减少开支。在可选择的情况下，优先选用更加经济的技术方法和路径。

第八章　建筑集团公司 2016 年营改增工作绩效评价实施方案

一、背景情况

（一）建筑集团公司简介

建筑集团公司是世界 500 强下属的大型骨干施工企业，前身为中国人民解放军基建工程兵某部队，1983 年整体改编为中国建筑某工程局，1998 年局总部由济南迁入上海浦东，2007 年改制为现企业。

目前，建筑集团公司主要业务涉及房屋建筑、基础设施、地产开发、投资运营、设计研发 5 大业务板块，下设 22 个二级单位，国内经营区域遍及长三角、珠三角、京津环渤海湾、中部、西北、西南等地区，海外经营区域主要在非洲、欧洲、中东、中亚、东南亚等地。

（二）营改增工作情况

1. 营改增工作实施情况

自 2011 年经国务院批准，财政部、国家税务总局联合下发营业税改征增值税试点方案以来，至 2016 年 3 月 18 日召开国务院常务会议决定，自 2016 年 5 月 1 日起，我国将全面推开营改增试点，将建筑业、房地产业、金融业、生活服务业全部纳入营改增试点，建筑集团公司高度重视并积极应对本次营改增实施工作，主要工作包括以下几个方面：

（1）建立健全组织机构

一是成立建筑集团公司税务管理中心。随着企业规模的不断增加和营改增试点范围的不断扩大，该局涉税业务不断增加，为满足工作需要，该局成立税务管理中心，包括税务制度、税务分析、发票管理等岗位，引领全局开展税务管理工作。

二是成立营改增领导小组和工作小组。4 月 19 日，该局召开了建筑集团公司营改增建筑和地产业营改增实施推进会，会上成立了以该局主要领导挂帅的营改增领导小组和各职能部门主要领导负责的营改增工作小组。

（2）完善税务管理制度

一是制定税务管理实施细则。为推进建筑集团公司税务标准化体系建设，引导各单位规范开展税务管理工作，提高税务管理水平、防范税务管理风险，促进税务管理创效，根据国家税收管理相关法律，结合企业自身情况，于"十二五"收官之年制定并下发了《建筑集团公司税务管理实施细则》，内容涵盖增值税、企业所得税等在内的13大税种，明确了建筑集团公司税务管理方面标准化要求。

二是细化增值税管理制度。根据增值税进、销项管理精细及抵扣链条长的实际，为避免建筑集团公司增值税发票管理风险、确保进项发票及时抵扣、高效完成增值税申报、准确核算企业效益，建筑集团公司积极探讨，先后细化并拟定了建筑集团公司《增值税管理制度》、《增值税发票管理办法》、《增值税扣税凭证管理办法》、《增值税申报管理办法》和《增值税会计核算办法》，用以引领、规范、指导全局增值税管理。

三是明确营改增工作方案。根据《关于全面推开营业税改征增值税试点的通知》（财税〔2016〕36号）相关要求，结合建筑集团公司建筑和地产业务特点，制定了《建筑集团公司建筑和地产业务营改增工作实施推进方案》，明确了建筑集团公司营改增工作实施时间表，体系联动，下发了《建筑集团公司营改增操作指引——老项目篇（暂行）》和《建筑集团公司营改增操作指引——新项目篇（暂行）》两篇营改增指导手册，明确体系管理职责，有序开展营改增应对工作。

（3）加强政策制度宣传贯彻

一是组织政策培训。建筑集团公司共组织财务、法务、商务、市场、物资等部门人员就营改增政策、管理制度、操作手册、会计核算等进行了50场培训，参培人数达万人。

二是创新税务管理。目前，建筑集团公司实行税务简报月报制度和营改增工作专刊周报制度，用以总结税务管理工作、制定税务工作计划、落实税务工作要求，同时通过在办公平台开辟营改增专栏，开通"建筑集团公司税务网"微信公众号等信息化手段，及时发布各项营改增政策、制度，提高了全员参与营改增工作的积极性。

三是开展有奖征文。局财务部联合工会、党委工作部组织开展了"走进营改增"有奖征文活动，通过层层筛选，评选出全局18篇获奖论文，既提高了全员对营改增工作的理解与认识，又提高了税务人员的专业素养。

（4）加大税务资源力度

一是加大人力资源投入。2016年，该局专职税务人员增加至59人，较2015年增加24人，增长68.6%，其中硕士及以上学历8人，注册会计师3人，中级及以上职称22人，达到了局属二级单位至少配备1名专职税务人员的标准要求。

二是加大财务资源投入。随着建筑集团公司税务管理中心的成立，增设了相关专项税务预算，从资源上支持营改增工作需求，保障各项工作顺利进行。

(5)大力清理应交税费

一是明确税金清理原则。根据国家税务总局相关公告以及税法要求，通过与主管税务机关、审计事务所、税务事务所等有关各方商讨确定了建筑集团公司营业税清理"一个底线，两个阶段"，以文件形式下发至各单位落实。

二是督促落实清理进度。为做好建筑集团公司税金清理工作，严控税务风险，确保税改平稳过渡，根据清理原则，建筑集团公司按月统计税金清理进度，于税务简报中披露，并发送各单位主要领导参阅，截至2016年6月底，建筑集团公司账面应交税费余额同比降低56%。

(6)校企联合研究课题

随着国家营改增工作的不断推进，传统的诸多业务管理规范并不符合增值税管理要求，不仅带来法律上潜在的风险，还可能直接导致该局税负和利润的大幅变动，对该局的生产经营活动带来极大影响，为此，该局联合上海国家会计学院展开营改增政策实施方案及其效果评价等相关课题研究，旨在建立该局以风险控制为导向的增值税信息化管理体系，完善该局增值税管理流程，消灭重复纳税，保证企业合法合规经营，打造一支专业化、信息化、控制纳税风险的税务管理精英团队，实现企业价值创造。

2. 营改增工作相关部门

(1)财务部负责牵头组织开展局营改增工作，协调相关业务部门实施营改增管理工作。组织对局老项目营业税金清理；对营改增衔接的配套政策进行研究，修订过渡期会计核算办法及财务报表调整方法；负责组织宣传贯彻营改增现场及视频培训；建立增值税管理体系，与人力资源部共同完善税务管理组织机构，设置增值税管理的相关岗位及职责；制定增值税管理制度、办法，修订局财务管理的相关制度、办法；提出与增值税配套的信息化系统改造需求；与商务管理部、工程管理部、资金部、合约法务部共同调整资质共享项目符合五流一致原则，负责营改增后合同的税收专项审核；负责增值税发票的管理，增值税款的核算、申报、缴纳、清算、分析；根据营改增政策修订预算、考核、固定资产、评估文件；组织相关人员研究增值税下建筑集团公司税收筹划实施方案。

(2)企业策划与管理部负责梳理分子公司产权登记信息，根据分子公司梳理情况及经营定位，结合老项目梳理结果，确定组织架构的调整方向；制定具体执行方案，优化企业运营模式；审批局属各分支机构的成立与撤销，审批组建区域税务专职机构。

(3)人力资源部负责根据营改增实施管理工作需要，组织招聘专职税务人员、专用发票管理人员等，全面配合开展营改增培训工作。

(4)信息化管理部负责协助财务部完成增值税防伪税控专用设备和通用设备的采购、安装、调试以及维护工作，保证增值税发票的开具、审核与认证；负责营改增后

ERP 系统的优化与调整工作。

(5)投资管理部负责梳理现有投资项目的业务模式、工程进度及相关情况，调整BT、BOT、PPP 等投资项目增值税下核算模式和业务流程，加强与业主关于老项目税负增加的沟通，避免项目收益降低；修订投资类项目的合同模板，配合财务部研究投资业务的涉税处理及财务核算，延迟审批各级企业新办公楼购置和装修事项至税改时点。

(6)资金部负责营业税税金清理资金保障工作；调整“五流合一”下的资金池管理，参与制定项目与总部税款清算方案；做好资金风险评估，并提出应对方案，分析营改增对现金流的影响；根据政策，负责修订资金集中管理相关办法，规范局内资金借贷规定，使其符合增值税管理链条规定；负责调查研究银行统借统贷业务，并提出相关应对方案；组织汇总纳税模式下的资金管理方式，负责营改增后账户的分配及管理。

(7)商务管理部负责与财务部、工程管理部、资金部结合老项目清理，完成资质共享项目的梳理，提出资质共享项目业务模式及流程方案；指导局属各单位及时合规完成与业主营业税下的工程结算，指导老项目分包、分供工程结算，保证税制转换期间营业税充分抵扣；根据成本定价原则，提出分包分供招投标的管理要求；指导子企业甲供材的业务管理模式选择。

(8)合约法务部负责审核局各类合同模板并提出法律意见；明确老项目营改增前未签订总承包合同的合同模板，修订分包分供合同模板及规范主要条款，指导子企业营改增后分包分供合同的签订；审核局合同管理制度、办法；监督、审核业务部门按修订后的合同模板签订合同。

(9)市场部负责业主信息梳理，建立业主信息管理制度，明确业主信息更新频率和质量要求；根据营改增政策修订市场开拓及地区经营开发相关管理办法，调整投标报价原则，确定营改增后报价水平区间，修订相关管理制度。根据业主类型，制定不同的定价原则和谈判策略；修订全局资质管理办法。

(10)工程管理部负责梳理局项目取得施工许可证情况；梳理分包商、租赁商、供应商税务身份、银行等相关信息；根据营改增政策，调整分包商、选择标准、评审机制和分级管理，修订分包商、租赁商、供应商采购管理办法；与财务部、商务管理部、资金部结合老项目清理，完成资质共享项目的梳理，提出资质共享项目业务模式及流程方案。

(11)基础设施管理部负责确定增值税后基础设施项目的投资管理模式，修订基础设施项目的合同管理、谈判方法及基础设施工程报价体系。

(12)总部各部门保证取得发票的合法性、合规性，发票取得与经济业务相符，在发票取得后 30 天内完成报销手续。

3. 营改增工作目标

(1)总体目标

统筹规划,全员参与。结合国家税制改革政策和建筑集团公司实际情况,全员参与,倒排准备期时间表,统筹规划营改增工作,指定专人牵头负责,理清思路,抓住重点,全面推进税改工作。

规范管理,降低税负。根据增值税管理的特点及国家对建筑和地产业的税改过渡政策,调整建筑集团公司现有建筑和地产业务生产经营模式和管理方式,适应增值税管理的要求,在保证增值税规范运行的前提下,合理进行税务安排,降低建筑集团公司税负,将国家税改的红利落到实处。

全面协调,平稳过渡。妥善处理税改前后建筑集团公司建筑和地产业新老项目的衔接,加强组织领导和体系建设,建立健全适应增值税管理的组织体系、制度体系与业务流程,强化监督、狠抓落实,确保建筑集团公司税改工作平稳过渡。

(2)2016年度营改增工作目标

加强组织领导。局总部已成立了由总经理和总会计师挂帅的营改增领导小组和工作小组,办公室设在局财务部,是营改增税务工作的牵头组织部门,局总部其他部门履行自身职责,派专人做好营改增相关工作。各二级单位按照"投入一产出"理念,健全营改增组织体系,为做好营改增工作提供人力资源基础保障。

明确责任体系。局属各单位营改增后,以法人为单位进行本单位增值税的管理,明确责任体系,确定各业务系统的职责,确定各所属单位增值税管理的职责。法人是本单位增值税管理的第一责任人,领导班子成员均承担相应责任;财务负责人是本单位增值税管理的专业负责人;财务部门是本单位增值税管理的专职机构;其他业务部门应积极配合财务部门做好本单位增值税的管理。

法人单位按照"谁签订合同,谁是纳税主体"的原则进行本单位的增值税管理,是本单位签约项目管理的最终负责人,各受托经营单位是所辖受托项目增值税管理的直接责任人,承担所辖受托项目的税款,负责做好所辖受托项目的增值税管理,各项目部严格执行局制定的增值税管理制度和流程,做好进项发票的管理、税款的预缴和清算工作。

加强制度建设。营改增后,公司按照标准化的要求,加强制度建设,健全增值税相关制度。局总部财务部根据增值税法规及营改增政策,尽快制定《建筑集团公司税务管理实施细则》、《建筑集团公司营改增操作指引》和《建筑集团公司增值税会计核算办法》等制度;其他各部门及时修订与增值税管理相关的招投标、总分包、资金管理、投资管理、合约管理等制度。各二级单位结合自身特点,按照总部要求,尽快修订增值税相关制度。

进行流程再造。营改增后,局总部结合建筑业生产经营特点,进行流程再造。局总部财务部明确增值税发票管理和增值税资金收支管理流程；其他部门结合自身职责分工，梳理相关业务涉税环节，根据增值税管理特点，调整和修订相关招投标管理、物资采购、合约管理、工程结算、绩效考核等业务流程。

强化业务管理。局总部各部门结合增值税特点，强化业务管理。探索建立相关专业公司，完善增值税抵扣链条；做好新老项目过渡和分包业务管理，增补相关业务合同；加大科技投入，合理更新设备，降低公司税负，提高利润水平。

(3)2016 年营改增工作计划

2016 年建筑集团公司营改增工作计划如表 8.1 所示：

表 8.1　　2016 年建筑集团公司营改增工作计划

序号	工作内容	时间安排
1	确定建筑集团公司营改增工作中介服务机构	2016 年 4 月 15 日前
2	编写建筑集团公司建筑和地产业营改增工作实施推进方案	2016 年 4 月 18 日前
3	召开建筑集团公司建筑和地产业营改增实施推进会	2016 年 4 月 20 日前
4	完善局属各单位营改增领导、责任和组织体系	2016 年 4 月 25 日前
5	完成公司现有分包商、租赁商、材料商资格的梳理与审核，建立分包、租赁、材料商库	2016 年 4 月 25 日前
6	梳理老项目，包括无证、无合同项目的梳理；已中标尚未开工项目谈判事宜等	2016 年 4 月 30 日前
7	下发建筑集团公司《营改增操作指引》	2016 年 4 月 30 日前
8	修订公司招投标、租赁商、分包商、材料商、合同涉税条款、投资评审、绩效考核等管理制度	2016 年 4 月 30 日前
9	优化、调整 ERP 系统	2016 年 4 月 30 日前
10	完成营业税欠税、银行统借统贷业务等问题的落实	2016 年 5 月 15 日前
11	完成全局建筑和地产业营改增政策的培训	2016 年 5 月 30 日前
12	完成资质共享项目(账户与合同管理)应对方案，确定局名义项目业务模式	2016 年 4 月 20 日前
13	完成营改增后首次纳税申报	2016 年 6 月 25 日前
14	完成局名义项目营业税金清理工作	2016 年 6 月 30 日前
15	下发建筑集团公司《增值税管理制度》	2016 年 6 月 30 日前
16	下发建筑集团公司《增值税发票管理办法》、《增值税扣税凭证管理办法》、《增值税申报管理办法》、《增值税会计核算办法》	2016 年 6 月 30 日前
17	制定《建筑集团公司营改增工作专项考核制度》	2016 年 9 月 30 日前
18	对各项操作指南、规章制度进行修订、完善、改进	2016 年 9 月 30 日前
19	组织局属各单位就营改增运行情况进行总结、交流	2016 年 12 月 31 日前
20	全面分析总结全局各单位、各系统的税改实施情况和存在问题，完成各单位营改增工作专项考核	2017 年 5 月 1 日前

(三)建筑集团公司营改增的组织管理

1. 机构建设

一是成立建筑集团公司税务管理中心。随着企业规模的不断增加和营改增试点范围的不断扩大,建筑集团公司涉税业务不断增加。为满足工作需要,建筑集团公司于 2014 年底成立了税务管理中心,包括税务制度、税务分析、发票管理等,引领全局开展税务管理工作。

二是成立营改增领导小组和工作小组。2017 年 4 月 19 日,建筑集团公司召开了建筑集团公司营改增建筑和地产业营改增实施推进会,会上成立了以建筑集团公司主要领导挂帅的营改增领导小组和各职能部门主要领导负责的营改增工作小组,要求局属各级单位根据自身经营特点,建立保障营改增工作顺利实施的工作机构,确保本单位营改增工作有序开展。

2. 管理流程

(1)税务管理中心

①税务制度岗:

负责引领全局开展税务管理工作;

贯彻执行股份税务管理制度、营改增操作手册;

负责全局税务管理体系建设与完善;

负责制定全局税务工作目标;

负责制定全局税务考核办法;

负责制定重大事项或投资行为的税收评估方案;

负责全局各项税务工作方案的制定与实施;

配合完成局财务部其他临时工作。

②税务分析岗:

负责局税务信息管理工作;

负责建立全局税务信息化管理系统,完成数据采集、分析、预警、共享等功能;

参与局合同评审、重大事项的税收管理工作;

负责股份、局地方税务报表编制、分析等管理工作;

负责营改增方案具体实施工作;

配合完成局财务部其他临时工作。

③发票管理岗:

负责发票管理,做好各类发票管理工作;

负责局各项税收证明管理工作;

负责局总部的涉税业务核算业务;

负责局纳税台账登记、涉税档案的管理工作;

负责上海地区各单位的税收业务管理工作；

配合完成局财务部其他临时工作。

(2)营改增领导小组

负责局总部营改增重大决策；

审议局总部建筑和地产业营改增工作方案；

审议营改增下局总部组织架构调整、经营模式转变、业务模式创新等相关制度；

审议局总部增值税各项管理制度和办法；

指导、监督营改增工作小组和下属单位营改增推进工作；

其他需要营改增领导小组审议决定的事项。

(3)营改增工作小组

提出局营改增相关决策建议；

制定局建筑和地产业营改增工作方案；

制定营改增下局总部组织架构调整、经营模式转变、业务模式创新等；

制定局总部增值税各项管理制度和办法；

制定营改增后业绩考核制度；

指导总部和下属单位有序开展营改增应对工作；

其他需要营改增工作小组开展的事项。

3. 保障措施

为确保公司建筑业营改增平稳过渡，公司应加强资源投入。各单位应加强高素质税务管理人才的培养和引进，配备专业的税务管理人员；增加专门的费用预算，为本单位营改增提供足够的资金支持；提高信息化水平，实现税务管理信息共享；加强对营改增政策的学习和研究，针对管理层和业务部门分别进行专门的营改增培训，提高对增值税的重视意识和业务操作水平。

二、营改增工作绩效评价思路

(一)评价目的

本次评价旨在通过对建筑集团公司 2016 年营改增工作的推进工作从政策学习、方案落地、工作效果和可持续性等方面进行评价，全面了解建筑集团公司在落实营改增政策过程中取得的实际进展，总结营改增工作过程中取得的经验，发现不足，为完善建筑集团公司未来的营改增工作提供参考。

(二)评价的对象和范围

本次绩效评价的对象为建筑集团公司下属各子公司。评价范围是各子公司 2016 年落实营改增工作的绩效。

(三)评价时段

本次评价时段为 2016 年 1 月 1 日至 2016 年 12 月 31 日。

三、营改增工作绩效评价指标体系

(一)绩效指标体系的总体思路

1. 设计思路

按照《建筑集团公司营改增工作绩效评价指南》的要求，根据绩效评价的基本原理、原则和建筑集团公司营改增工作的特点，结合 2016 年建筑集团公司营改增工作的绩效目标，按照逻辑分析法设计的绩效评价指标体系。指标体系包括综合评价表和基础工作底稿两部分，综合评价表是评价的汇总，为各项指标评分所用，需要基础工作底稿、基础数据表、问卷调查报告、访谈报告的支持。基础工作底稿是各项指标的具体评价过程。基础数据表是评价的基础数据收集工具，由被评价单位负责填报，绩效评价小组核查核对。

指标体系的综合评价表按照逻辑分析法设计，包括政策理解度、执行合规性、经济效果和可持续性四个部分，体现被评价单位从学习和理解相关政策入手，合法合规执行国家、地方和集团公司的相关法律法规，努力实现预期经济效果，并建立一套可持续的营改增工作管理机制的工作绩效评价路径。

营改增工作绩效的直接体现为公司整体税负的降低、税务管理优化以及公司依法纳税等方面，但公司的最终绩效还是需要反映在 EVA 等财务指标上，拖累整体财务业绩的税负降低绝对不是一个好的税务筹划。因此，尽管公司 EVA 等经济指标的变化很难直接归因到营改增工作的绩效，此次绩效评价仍然保留了该项指标，但权重适当降低。

2. 权重设计

《建筑集团公司营改增工作绩效评价指南》确定的权重原则上为政策理解度 10%、执行合规性 35%、经济效果 35%、可持续性 20%。考虑到 2016 年是我国全面实施营改增试点的第一年，一方面大家对营改增政策还处于理解期；另一方面，公司业务中真正实施营改增的比例还只占较低比例，公司的绝大多数业务还沿用了老办法征缴营业税，因此，各项指标的权重必须做相应的调整：加大政策理解度和执行规范性的比重体现在实施营改增政策的初期强调对政策的理解和执行到位。具体权重调整为：政策理解度 25%、执行合规性 40%、经济效果 15%、可持续性 20%。

3. 评价标准及评分方式

鉴于目前行业均值的取数困难，而且此次评价主要是在集团公司内部展开，为了评价集团内部各部门之间的营改增工作进展情况，此次评价的标杆值采用年初确定目标和评价期末公司内部绩效优秀为标杆的评价方法。即如果年初集团对某项指标有明确目标，则以年初目标为绩效评价标杆值；如年初没有确定具体目标或年初确定的目标具有不确定性，则以期末公司内部表现最为优秀的 10%为标杆值，前 10%者得满分，后者依次扣分（具体评分方法为，以考核单位中该指标排名为依据，排名前10%得权重分满分，前20%得90%权重分，前35%得70%权重分，前50%得50%权重分，前70%得30%权重分，后30%不得分）。

4. 评价结果等级

评价结果等级分为四级：

优：得分高于90分（含90分）；

良：得分75分～90分（含75分）；

合格：得分60分～75分（含60分）；

不合格或绩效无法显现：60分以下。

（二）指标体系框架

2016年建筑集团公司营改增工作绩效评价指标分为4个一级指标，15个二级指标，34个三级指标，部分三级指标进一步分解为四级（见表8.2）。

表8.2　营改增工作绩效指标明细表

一级指标	二级指标	三级指标	权重	指标解释	目标值	评分方法	取数方法
政策理解度（25%）	绩效目标科学性（6%）	绩效目标明确性	3	考察年度工作计划的营改增工作绩效目标是否明确、量化	明确	年度工作计划对营改增提出明确工作绩效目标，包括政策学习目标、经济效果目标、过程管理目标和可持续性目标	案头调研文档查阅
		绩效目标合理性	3	考察年度工作计划的营改增工作绩效目标是否合理	合理	年度工作计划中营改增工作绩效目标合理	案头调研文档查阅
	与集团规划一致性（6%）	与集团工作规划一致性	3	本公司的工作计划是否符合集团关于营改增的相关安排	一致	公司的年度工作计划中关于营改增的安排与集团一致	案头调研文档查阅
		与本公司工作计划相关性	3	工作计划中是否对营改增做出相关安排	相关	在年度工作计划中是否对营改增做出明确的计划部署	案头调研文档查阅
	政策宣传参与度（8%）	征文	2	考核是否积极参与公司主办的征文活动	考核期内≥5篇	在公司主办的征文活动中采用文章篇数，每采用一篇得20%权重分	基础数据表
		专刊	2	考核是否为公司的专刊积极投稿	考核期内≥5篇	在公司主办的专刊采用文章篇数，每采用一篇得20%权重分	基础数据表
		专栏	2	考核是否为公司的专栏积极投稿	考核期内≥5篇	在公司主办的专栏采用文章篇数，每采用一篇得20%权重分	基础数据表
		简报	2	考核是否为公司的简报积极投稿	考核期内≥5篇	在公司主办的简报采用文章篇数，每采用一篇得20%权重分	基础数据表
		发表相关论文数	—	考察对营改增工作的研究水平	—	核心刊物每发表一篇得3分，3篇非核心刊物文章等同一篇核心刊物，没有发表文章不得分（只做加分项，不扣分）	基础数据表
	业务学习（5%）	业务学习	5	考核参加局主办的培训次数及各单位自行组织学习营改增相关政策的次数	应参加人员全勤参加局主办培训；各单位自行组织培训次数≥3次	全勤参加局主办培训得50%权重分，局主办培训活动缺勤率每5%扣10%权重分；单位没有举办培训活动或派人参加外部培训，扣50%权重分，组织1次以上得50%权重分	基础数据表

续表

一级指标	二级指标	三级指标		权重	指标解释	目标值	评分方法	取数方法
执行合规性(40%)	专票准确率(12%)	专票取得率		4	实际取得专用发票数额/按规定应取得专票总数。新项目合同金额	100%	以考核单位中该指标排名为依据，排名前10%得满分，前20%得90%权重分，前35%得70%权重分，前50%得50%权重分，前70%得30%权重分，后30%不得分	基础数据表
		进项专票差错率	不能抵扣的进项专票率	4	不能抵扣的进项专票数量(不含进项转出专票)/实际取得专票总数	0	以考核单位中该指标排名为依据，排名前10%得满分，前20%得90%权重分，前35%得70%权重分，前50%得50%权重分，前70%得30%权重分，后30%不得分	基础数据表
			逾期未抵扣进项专票率	4	逾期未抵扣进项专票数量/实际取得专票总数	0	以考核单位中该指标排名为依据，排名前10%得满分，前20%得90%权重分，前35%得70%权重分，前50%得50%权重分，前70%得30%权重分，后30%不得分	基础数据表
	发票差错率(9%)	红字发票率		3	红字发票率＝红字发票数/发票总数×100%	0	以考核单位中该指标排名为依据，排名前10%得满分，前20%得90%权重分，前35%得70%权重分，前50%得50%权重分，前70%得30%权重分，后30%不得分	基础数据表
		废票率		3	废票率＝作废发票/发票总数×100%	0	以考核单位中该指标排名为依据，排名前10%得满分，前20%得90%权重分，前35%得70%权重分，前50%得50%权重分，前70%得30%权重分，后30%不得分	基础数据表
		退票率		3	退票率＝退换发票/发票总数×100%	0	以考核单位中该指标排名为依据，排名前10%得满分，前20%得90%权重分，前35%得70%权重分，前50%得50%权重分，前70%得30%权重分，后30%不得分	基础数据表
	营改增进度(2%)	新项目一般纳税率		2	监督各公司2016年5月1日之后新项目一般纳税程度。 新项目中一般纳税项目总营业收入/全部新项目营业收入	在全部有新项目的公司中排名前10%。没有新项目的公司不考核	以考核单位中有新项目公司的该指标排名为依据，排名前10%得满分，前20%得90%权重分，前35%得70%权重分，前50%得50%权重分，前70%得30%权重分，后30%不得分	基础数据表
	合同管理规范性(12%)	承包合同规范性	合同价款	1	考察是否符合局合法函字〔2016〕7号的相关规定	合规	明确按照局合法函字〔2016〕7号规定标明合同价款。每一处不符扣20%权重分，违规五处及以上不得分	基础数据表 文档查阅
			合同付款条件	1	考察是否符合局合法函字〔2016〕7号的相关规定	合规	明确按照局合法函字〔2016〕7号规定标明合同付款条件。每一处不符扣20%权重分，违规五处及以上不得分	基础数据表 文档查阅
			合同保证金条款	1	考察是否符合局合法函字〔2016〕7号的相关规定	合规	明确按照局合法函字〔2016〕7号规定标明合同保证金条款。每一处不符扣20%权重分，违规五处及以上不得分	基础数据表 文档查阅
			甲供料及甲分包	1	考察是否符合局合法函字〔2016〕7号的相关规定	合规	明确按照局合法函字〔2016〕7号规定确定甲供料及甲分包条款。每一处不符扣20%权重分，违规五处及以上不得分	基础数据表 文档查阅
			"五流合一"	1	考察是否符合局合法函字〔2016〕7号的相关规定	合规	明确按照《中国建筑营改增合同管理应对》及局合法函字〔2016〕7号规定做到"五六合一"。每一处不符合20%权重分，违规五处及以上不得分	基础数据表 文档查阅
			重大信息变更	1	考察是否符合局合法函字〔2016〕7号的相关规定	合规	明确按照局合法函字〔2016〕7号规定提供和确认重大变更信息。违背一次即不得分	基础数据表 文档查阅

续表

一级指标	二级指标	三级指标	权重	指标解释	目标值	评分方法	取数方法
执行合规性(40%)	合同管理规范性(12%)	分包合同规范性	3	是否按照建筑集团公司合法函字〔2016〕7号规定执行	合规	符合规定得满分。违背一项全扣分	基础数据表文档查阅
		分供合同规范性	3	是否按照建筑集团公司合法函字〔2016〕7号规定执行	合规	符合规定得满分。违背一项全扣分	基础数据表文档查阅
	ERP系统与营改增规范一致性(2%)	ERP系统与营改增规范一致性	2	ERP系统是否按照营改增要求进行调整与完善	一致	ERP系统已经进行调整和完善(1分);建立符合营改增会计核算方法的ERP操作指引(1分)	基础数据表
	增值税预警次数(3%)	增值税预警次数	3	(连续月份)收到税务主管部门预警通知书次数	0	一次扣权重分30%;两次扣权重分60%;三次则零分	基础数据表
经济后果(15%)	财务指标(9%)	EVA	3	EVA=税后营业净利润－资本总成本	在所有被评价单位中排名前10%	以考核单位中该指标排名为依据,排名前10%得满分,前20%得90%权重分,前35%得70%权重分,前50%得50%权重分,前70%得30%权重分,后30%不得分	基础数据表
		ROI	3	ROI=年利润/投资总额×100%	在所有被评价单位中排名前10%	以考核单位中该指标排名为依据,排名前10%得满分,前20%得90%权重分,前35%得70%权重分,前50%得50%权重分,前70%得30%权重分,后30%不得分	基础数据表
		ROE	3	净资产收益率=净利润/平均净资产×100%	在所有被评价单位中排名前10%	以考核单位中该指标排名为依据,排名前10%得满分,前20%得90%权重分,前35%得70%权重分,前50%得50%权重分,前70%得30%权重分,后30%不得分	基础数据表
	税负降低率指标(6%)	实际税负变动率	3	考核有效税负变动合理性。实际税负变动率=评价期实际税负/前三年实际税负均值。实际税负=实际纳税额/总营业收入×100%	较前三年实际税负均值的降低水平排名前十	以考核单位中该指标排名为依据,排名前10%得满分,前20%得90%权重分,前35%得70%权重分,前50%得50%权重分,前70%得30%权重分,后30%不得分	基础数据表
		预算收入完成率	3	评价期末实际收入额/评价期预算收入额	≥100%	≥100%得满分;≥95%得90%权重分;≥90%得80%权重分;≥80%得50%权重分;≥70%得30%权重分;<70%不得分	基础数据表
可持续性(20%)	应急处理机制(4%)	机制健全性	2	考察是否建立增值税相关的紧急情况处理机制	有	有相关机制得满分;没有相关机制不得分	基础数据表
		机制有效性	2	考察应急处理机制是否能够有效应对紧急情况	有效	评价期内没有紧急事件发生或所有紧急事件都得到有效处置得满分;一起以上紧急事件没有得到及时有效处理得零分	基础数据表
	组织完善度(4%)	组织健全性	1	考察营改增工作的工作机制是否建立与完善	完善	有指定的指导机构(50%权重分),各级部门有相应的对口部门(50%权重分)	基础数据表
		业务培训制度	1	考察是否建立制度安排保障对相关人员的业务培训	健全	各相关层级均有营改增相关业务培训制度安排得满分	基础数据表
		人员配置合理性	2	人员配置与工作需要适配,考察各部门是否有充分人力专人负责营改增事宜	合理	相关岗位人员满编且员工工作强度被认为可接受得满分。编制不足、超编、工作强度过大或轻松各扣一分	基础数据表

续表

一级指标	二级指标	三级指标	权重	指标解释	目标值	评分方法	取数方法
可持续性（20%）	制度完善度（4%）	《增值税管理制度》	1	《增值税发票管理办法》	执行有效	相关办法已经建立且执行有效	基础数据表
			1	《增值税扣税凭证管理办法》	执行有效	相关办法已经建立且执行有效	基础数据表
			1	《增值税申报管理办法》	执行有效	相关办法已经建立且执行有效	基础数据表
			1	《增值税会计核算办法》	执行有效	相关办法已经建立且执行有效	基础数据表
	档案管理（4%）	档案制度健全性	2	考察档案管理制度是否健全	健全	有专人负责且人员配置合理得满分。交易记录、纳税凭证、营改增工作规制、合同等均有健全的档案管理制度	基础数据表
		档案工作有效性	2	考察相关档案是否及时、准确、安全归档	有效	有所应该归档的凭证均能及时、完整和科学归档	基础数据表
	信息化建设情况（4%）	信息化建设情况	2	考察相关部门统计工作信息化程度	有	建立统计信息化管理系统；统计数据采集网络化	基础数据表
		信息化技术适用性	2	考察信息化技术是否与营改增工作相适应	先进、适用	技术适用且具有技术先进性和前瞻性	基础数据表

四、评价的组织实施

（一）人员分工

公司成立评价小组以落实此次营改增工作绩效评价。组长主要负责协调评价小组的工作，审核确定评价工作方案、指标体系的构架与建立和指导评价报告的撰写。

评价小组成员应进行分工，同时还有相互支持和协同。小组成员主要参与评价工作方案的设计与讨论、负责指标体系分指标的设计、评价标准的选择、评分细则的制定，负责相关资料的收集、分指标的核查取数工作，编制相应的评价工作底稿，参与评价报告的撰写。

（二）评价时间及主要工作进程安排

1. 评价工作进程安排

（1）项目启动阶段

由建筑集团公司确定营改增工作绩效评价的任务，明确此次绩效评价的目标，进行评价动员。

建筑集团公司和下属各子公司成立相应的2016年营改增工作绩效评价小组，明确小组成员分工，确定评价时间表。

（2）评价方案设计阶段

绩效评价小组初步设计绩效评价方案和指标体系，并听取有关各方意见。

（3）方案论证和修改阶段

初步确定绩效评价方案和指标体系后，评价小组可将评价方案和指标体系征询有关专家和各相关方意见以便进一步修订和完善后定稿。

(4)方案实施阶段

被评价单位依据指标说明，安排组织相关人员认真填报基础数据表，提供绩效评价所需的相关材料。绩效评价小组在取数过程中如有必要，可采取问卷调查、访谈和案头研究等方式。

(5)数据复核阶段

绩效评价小组对相关单位提供的基础数据表数据进行真实性和准确性复核。汇总整理出问卷报告并完成相关评价指标的数据录入。

(6)绩效分析、报告撰写阶段

通过对被评价单位填报的数据及其他途径收集的数据进行分析，撰写绩效评价报告初稿。

(7)专家评价阶段

建筑集团公司应邀请绩效评价专家组成评审小组对评价小组提交的评价报告进行评审，对评价报告提出完善建议，并对报告质量进行评估。

(8)报告的传播和应用

在评价报告得到专家组和公司领导的认可后，公司相关部门应将评价结论及营改增工作中的成功经验、存在问题以及相关建议传播到各被评价单位，并切实地为未来的营改增推进工作提供帮助。

2. 评价时间安排

评价工作时间安排计划如表 8.3 所示：

表 8.3　　评价工作时间安排计划表

工作阶段	时间安排	备注
项目启动阶段	2017 年×月×日	
评价方案设计阶段	2017 年×月×日	
方案论证和修改阶段	2017 年×月×日	
方案实施阶段	2017 年×月×日	
数据复核阶段	2017 年×月×日	
绩效分析、报告撰写阶段	2017 年×月×日	
专家评价阶段	2017 年×月×日	

五、基础数据表

基础数据表是绩效评价的重要数据来源，由被评价单位如实填报，各填报单位要对数据的真实性和准确性负责。

基础数据表填报说明：

经由________________研究决定，对________________的2016年营改增工作进行绩效评价，公司为此特成立绩效评价小组以实施此次评价。此次绩效评价的目的是在梳理和评价建筑集团公司各下属公司在2016年营改增工作的基础上，对建筑集团公司营改增工作过程中的经验和教训进行总结，发现存在的问题并提出完善意见。

各下属公司必须及时准确填报以下基础数据表，并对填报数据的真实性和准确性负责。数据的起止时间为2016年1月1日至2016年12月31日。

表格填写之后请送达：____________________

如有疑问，请联系：____________

联系方式：____

（公章）

2017年____月____日

基础数据表发放到各被考核单位，用于采集相关数据。由被评价单位营改增工作相关负责人填写。相关数据表见表8.4～表8.10。

单位名称：____

填表日期：____________________

表8.4　公司内部营改增宣传工作参与情况*（可加页）

论文题目	刊物名称	刊物类别	发表时间

*指公司征文、专刊、专栏和简报的文章采用数。

表8.5　公开发表营改增相关论文数（可加页）

论文题目	刊物名称	刊物类别	发表时间

续表

论文题目	刊物名称	刊物类别	发表时间

表 8.6　　营改增业务学习情况(可加页)

课程名称	参加人数	请假人数	缺席人数	主办方	学习时间

表 8.7　　经济效果指标

	财务指标			实际税负变动率	预算收入完成率
	EVA	ROI	ROE		
2016年					
2015年					
2014年					
2013年					

注:EVA＝税后营业净利润－资本总成本;ROI＝年利润/投资总额×100%;净资产收益率＝净利润/平均净资产×100%。实际税负变动率＝实际纳税额/总营业收入×100%;预算收入完成率＝评价期末实际收入额/评价期预算收入额×100%。

表 8.8　专票管理状况　单位:张

按规定应取得专票总数	实际取得专票总数	不能抵扣的进项专票数量（不含进项转出专票）	逾期未抵扣进项专票数量

表 8.9　发票管理状况　单位:张

发票总数	红字发票数	废票数	退换发票数

表 8.10　新项目一般纳税状况　单位:万元

全部新项目营业总收入	新项目按一般纳税的新项目营业总收入

问卷调查：

请根据公司实际情况认真回答以下问题：

1. 公司接到过税务管理部门纳税预警通知次数：＿＿＿＿次

2. 当公司发生与营改增相关的问题时：

(1)公司是否有专门的程序来解决问题？　是＿＿＿;否＿＿＿

(2)是否有指定人员负责营改增相关的突发事件？　是＿＿＿;否＿＿＿

(3)突发事件是否能够得到有效解决？　是＿＿＿;否＿＿＿

3.公司有专门的机构负责推进营改增工作吗？　是＿＿＿;否＿＿＿

4.公司是否建立了相关人员的营改增业务培训制度？　是＿＿＿;否＿＿＿

5.公司营改增工作是否安排了足够的人员？　是＿＿＿;否＿＿＿

6.公司的 ERP 系统按照营改增要求进行过调整吗？　是＿＿＿;否＿＿＿

7.《增值税发票管理办法》是否在公司得到有效的执行？　是＿＿＿;否＿＿＿

8.《增值税扣税凭证管理办法》是否在公司得到有效的执行？

是＿＿＿;否＿＿＿

9.《增值税申报管理办法》是否在公司得到有效的执行？　是＿＿＿;否＿＿＿

10.《增值税会计核算办法》是否在公司得到有效的执行？　是＿＿＿;否＿＿＿

11.公司是否为营改增相关工作建立了档案管理制度？　是＿＿＿;否＿＿＿

12.营改增的相关文件是否及时归档并安全保管？　是＿＿＿;否＿＿＿

13.公司是否采用了信息化系统来支持公司的管理？　是＿＿＿;否＿＿＿

14.公司的信息化系统能够有效支持营改增工作吗？　是＿＿＿;否＿＿＿

第九章 建筑集团公司营改增工作绩效评价报告

营改增工作绩效评价报告是从投入、效率、效果和可持续性四个方面对公司营改增工作做出的评价，评价的客体为总部各部门和各二级单位。

根据《建筑集团公司营改增工作绩效评价指南》要求，通过自我测评，营改增一年来，该单位工作绩效测评为优秀等级。

一、营改增总体运行情况

(一)财务指标运行情况

营改增财务指标运行情况如表 9.1 所示：

表 9.1 营改增财务指标运行情况

(2016 年 5 月～2017 年 4 月) 单位:亿元

财务指标	增值税制下	营业税制下	增减变动
主营业务收入	1 342.72	1 385.01	−42.29
主营业务成本	1 270.18	1 289.83	−19.65
营业利润	49.69	55.16	−5.47
营业利润率	3.70%	3.98%	−7.04%
已交税金	32.19	34.75	−2.56
税负	2.40%	2.51%	−4.38%

1. 主营业务收入变化情况及原因

营改增一年来，该局累计实现营业收入1 342.72亿元，按未税改计算后，收入减少 42.29 亿元，同比减少 3.1%，主要原因在于增值税为价外税，营业税为价内税，营改增后增值税从收入中剥离出来，一般计税项目税率 10%，简易项目税率 3%，营改增后收入换算为不含税收入，如果收入增长规模不能大于增值税剥离数额，必然导致收入下降。从数据来看，同比减少3.1%，幅度较小，原因在于该局规模持续发展，2016年按未税改计算后的收入比上年同期增加2.74亿元，同时，由于营改增一年之际，该局一般计税项目较少，增值税剥离税率较低，因此收入变动不甚明显。

2. 营业利润及营业利润率变化情况及原因

按报表利润，营改增一年来，实现营业利润49.69亿元，按未税改计算后，营业利润减少5.47亿元，同比减少9.9%，实现营业利润率3.7%，按未税改计算后，营业利润率同比减少7.0%。营改增对公司毛利的影响，关键取决于公司自身毛利率、可抵扣成本比例等两个关键变量，原材料占比对税负变化的影响大于毛利率变化的影响，在毛利率较低的情况下这种影响更大。由于营改增初期公司简易计税项目较多，原简易计税项目预计总成本已经考虑分包的抵税影响，从而导致预计总成本没有发生较大变化，最终导致了营业利润和营业利润率的降低。

3. 增值税税负变化情况及原因

建筑业增值税税负较营业税税负略有下降，一是因为增值税为价外税，增值税金从收入中剥离，相对计算的基数减少；二是因为营改增初期，以简易计税项目为主，一般计税项目较少，机关管理费用等进项发票均予以抵扣，分包又可以在预缴时予以扣除，由于项目尚未达到结算期，因此预缴税金也相对较少。

（二）纳税方式

增值税纳税方式统计如表9.2所示：

表9.2　增值税纳税方式统计表

（截至2017年4月）　　单位：个

公司类型	小计	一般计税		简易计税	
		个数	占比(%)	个数	占比(%)
子公司	1 516	346	22.82%	1 170	77.18%
分公司	1 678	324	19.31%	1 354	80.69%
合　计	3 194	670	20.98%	2 524	79.02%

（三）项目构成

新、老项目构成统计如表9.3所示：

表9.3　新、老项目构成统计表

（截至2017年4月）　　单位：个

项目类型	小计	一般计税		简易计税	
		个数	占比(%)	个数	占比(%)
新项目	696	637	91.52%	59	8.48%

续表

项目类型	小计	一般计税		简易计税	
		个数	占比(%)	个数	占比(%)
老项目	2 498	33	1.32%	2 465	98.68%
合计	3 194	670	20.98%	2 524	79.02%

(四)项目分类

新、老项目分类统计如表 9.4 所示：

表 9.4 **新、老项目分类统计表**

(截至 2017 年 4 月)

单位:个

项目类型	小计	一般计税		简易计税	
		个数	占比(%)	个数	占比(%)
股份名义项目	57	1	1.75%	56	98.25%
局名义项目	1 922	351	18.26%	1 571	81.74%
子公司名义项目	1215	318	26.17%	897	73.83%
合计	3 194	670	20.98%	2 524	79.02%

(五)税负情况

营改增税负情况如表 9.5 所示：

表 9.5 **营改增税负情况**

2016 年 5 月～2017 年 4 月

单位名称	增值税负			营业税负		
	简易计税	一般计税	平均税负	简易计税	一般计税	平均税负
一分公司	1.38%	2%	1.52%	1.38%	2.10%	2.03%
二分公司	1.99%	3.60%	2.40%	1.99%	2.65%	2.10%
三分公司	2.50%	3.46%	2.87%	2.09%	2.66%	2.16%
四分公司	1.37%	4.50%	2.02%	1.38%	1.61%	1.41%
大连公司	1.64%	1.28%	1.46%	1.64%	1.92%	1.78%
天津公司	1.63%	1.23%	1.58%	1.72%	1.63%	1.65%
青岛公司	2.96%	2.18%	2.57%	3%	3%	3%
总承包公司	0.78%	0%	0.53%	0.78%	3%	2.12%

续表

单位名称	增值税负			营业税负		
	简易计税	一般计税	平均税负	简易计税	一般计税	平均税负
广州公司	1.43%	1.67%	1.45%	1.44%	1.65%	1.47%
广西公司	3%	6.05%	3.20%	3%	3%	3%
西南公司	2.11%	5.17%	2.80%	3%	3%	3%
西北公司	1.32%	3.13%	1.42%	1.39%	2.60%	1.46%
上海公司	1.23%	3.36%	1.88%	1.36%	1.36%	1.36%
浙江公司	1.45%	0	1.45%	1.45%	0	1.45%
土木公司	2.57%	1.46%	2.02%	2.70%	2.03%	2.15%
装饰公司	1.76%	4.51%	2.06%	1.76%	3.04%	1.91%
海外公司	3.84%	—	3.84%	3.39%	—	3.39%
钢结构公司	2%	5%	3.50%	3%	3%	3%
济南设计院	—	5.44%	5.44%	—	5.65%	5.65%
东孚公司	5%	—	5%	5%	—	5%

税负计算公式：

增值税负＝应纳税额/不含税开票额

营业税负＝(开票价税合计－本期实际扣除金额)×营业税税率/开票价税合计

解释：营业税负公式中(开票价税合计－本期实际扣除金额)×营业税税率的值与增值税申报表中《营改增税负分析测算明细表》(见第十一章表11.2)中第14列营业税应纳税额相等，可从申报表中直接取数计算。

二、营改增工作绩效考核评价情况

(一)评价结论

此次评价对象共22家下属公司，其中海外事业部的业务基本上都在海外，投资公司的业务范围为各类投资活动，均与此次国家的营改增政策相关度不高，故此剔除在评价范围之内。因此，此次有效评价对象为20家下属公司。

根据各家公司的自评结果，20家公司的平均得分94.15分，总体评价为优秀。

20家公司中西南公司获得最高分104分，其中基本分98，附加分6分(发表论文获得额外加分6分)。有三家公司获得基本分100分满分，分别是四分公司、青岛公司和东孚公司。得分最低的两家公司主要扣分项是合同管理的规范性，该项指标12分全扣。

(二)绩效分析

1. 政策理解度

权重:25%,平均得分:23.6 分,得分率 94%。

分解情况如下:

(1)绩效目标科学性,权重 6%,平均得分 5.55 分

解释:考察各子公司的年度工作计划中是否有明确、量化的营改增工作绩效目标,以及目标设定是否合理。

该项指标大多数公司获得满分,说明在年度工作计划中已经对营改增工作做出了合理的部署,结合多数公司的总体评分都在 95 分以上,说明公司决策对营改增工作起到了很好的指导作用。

西北公司该项指标仅得 2 分,得分较低的原因是出于保守计分考虑,虽然暂未对公司税务制定指标考核细则,但公司红头文件下发成立税务管理中心,明确税务管理职责,制定税务管理制度,因此得分应调整为 5 分。

(2)与集团规划一致性,权重 6%,平均得分 5.8 分

解释:考察各公司的工作计划是否符合集团关于营改增的相关安排,以及各公司是否制定了具体的营改增工作计划。

(3)政策宣传参与度,权重 8%,平均得分 7.08 分

解释:对政策的理解与把握是落实政策的前提。该指标考察各公司组织相关人员学习营改增相关政策的活动安排及其效果。

该项指标绝大多数公司均得满分,反映各公司很好地贯彻了集团积极、有效推进营改增政策指导思想,积极学习相关国家政策和集团制度。

该指标最低得分为济南设计院,得 1 分。

(4)业务学习,权重 5%,平均得分 4.85 分

解释:该指标考察各公司相关人员参加集团组织的业务学习活动及各公司自行组织相关业务学习活动的情况。

绝大多数公司均获得该指标满分,说明大多数公司的相关业务人员在评价期内至少参加 3 次以上业务学习。该项指标的最低得分为 4 分,说明各公司自行组织营改增业务学习 1 次以上。

2. 执行合规性

权重:40%,平均得分 37.94 分,得分率 94%。

分解情况如下:

(1)专票准确率,权重 12%,平均得分 12 分

解释:进项专票直接影响增值税抵扣,该项指标通过专票取得率、不能抵扣的进项专票率和逾期未抵扣进项专票率评估公司进项专票的获得率及其准确度。

该项指标所有公司均获得满分，反映了各公司认真对待进项专票的获得，确保进项专票应开尽开并确保开票准确。

(2)发票差错率，权重9%，平均得分9分

解释：该指标考核发票的准确度。发票错误不仅可能影响公司纳税额，而且也直接增加公司的管理成本。该指标通过红字发票率、废票率和退票率三个维度考核发票的准确度。

该指标所有公司均得满分，反映了集团公司各下属公司在票据管理方面精细、准确，成效显著。

(3)营改增进度，权重2%，平均得分2分

解释：该指标用以考核国家全面实施营改增政策之后公司新业务实施营改增新政策的比例。

该指标所有公司均得满分，反映了各公司开展的新业务均按照营改增政策实施管理，各公司营改增政策落实到位。

(4)合同管理规范性，权重12%，平均得分10.19分

解释：该指标用以考核各公司在市场拓展、业务管理过程中是否按照集团公司制定的营改增环境下合同管理细则执行。

该指标绝大多数获得满分，反映了集团公司的相关指引明确、可操作，多数公司对相关指引的理解和把握也很到位，并落实到了具体工作中。

(5)ERP系统与营改增规范一致性，权重2%，平均得分1.75分

解释：信息技术在公司的运营管理过程中越来越重要，集团公司采用ERP系统对财务工作提供支持。该指标考核各公司的ERP系统是否根据营改增政策环境下的业务规范进行升级并运行可靠。

该指标多数公司得满分，但有数家公司仅得50%权重分，其扣分原因是各公司出于保守计分考虑，但局统一下发了增值税下ERP系统会计核算方案(试行稿)，各单位应得满分。

(6)增值税预警次数，权重3%，平均得分3分

解释：该指标考核公司是否在连续月份收到税务机关预警通知书。

该指标所有公司均得满分，反映了各公司依法纳税、税务风险管控到位。

3. 经济后果

权重：15%，平均得分15分，得分率100%。

企业管理的最终目标是实现股东价值最大化，谋其企业收益最大化。尽管企业的利润和投资收益受到多种因素的影响，其变化还是能够或多或少地反映营改增工作的最终成效。该指标用以考核营改增管理的经济效果。

此次评价从财务指标和税负较低率两个维度评估营改增工作的经济效果。财务

指标方面选取了 EVA、ROA 和 ROI 三个次级指标进行评价，权重分 9 分；税负降低率选取实际税负降低率和预算收入完成率两个次级指标进行评价，权重分 6 分。

所有公司均取得经济效果指标的满分。反映了公司营改增工作扎实有效，并获得理想的经济效益。

4. 可持续性

权重：20%，平均得分 17.6 分，得分率 88%。

分解情况如下：

(1)应急处理机制，权重 4%，平均得分 3.65 分

解释：对于重大政策调整，公司应有相应的机制以有效处理突发事件。该指标考核公司是否建立营改增工作的应急处理机制并运行有效。

绝大多数公司该指标得满分，反映了各公司对营改增的突发事件有处理预案并执行有效。个别公司(浙江公司)该指标仅得 1 分，对可能的突发事件基本上没有建立防范机制。

(2)组织完善度，权重 4%，平均得分 3.75 分

解释：完善的组织架构是有效工作的重要保障。该指标从营改增工作机制健全性、营改增业务培训制度健全性和专业人员配置合理性三个方面考核公司的组织架构是否能够保障营改增工作的持续有效。

该指标大多数公司获得满分，说明大多数公司已经建立起完善的组织架构，可以保障营改增工作的持续有效。个别公司因业务培训制度欠缺扣分，这些公司应尽快与集团公司协同，建立起长期有效的业务培训制度，另外个别公司总部税务专职人员仅有 1 人，人员配置与业务工作量不适配。

(3)制度完善度，权重 4%，平均得分 3.6 分

解释：科学合理的制度是有效开展工作的重要指引。该指标考核公司是否建立具有较长时期适应性的制度并能有效指引营改增工作。

该指标得分较为分化，绝大多数公司获得满分，但少数公司仅得 1 分。这些制度不健全的公司应尽快根据相关政策和集团公司的要求建立完善的营改增工作制度，并用之指引公司的营改增工作。

(4)档案管理，权重 4%，平均得分 3.8 分

解释：及时、准确地将文件建档、归档，是营改增工作的重要一环，档案的完整、准确也可以为未来的工作提供备考。该指标考核公司是否建立科学的档案管理制度，并及时、准确地归档。

该指标绝大多数公司均获得满分。少数公司因归档不够及时被扣分，不同公司管理存在差异，部分公司扣税凭证由公司总部管理，部分公司扣税凭证由各分公司自行保管。

(5)信息化建设情况，权重4%，平均得分3分

解释：该指标考核公司的营改增统计工作的信息化程度，以及公司的信息化技术是否与营改增工作相适配。

该指标权重分4分，平均得分仅为3分，得分率75%，属于较低水平。主要的扣分原因是增值税管理软件正在上线过程中，部分公司的信息化技术未能及时升级，因而与营改增工作的适应性较差。

三、营改增过程中取得的先进经验

建立供应商库，严格按照"不含税综合比价模型"进行供应商比价，优先选择低成本、高税率的合格供应商，创新采购模式，比如商用混凝土采购中，对一般计税项目采取自行采购水泥指定混凝土商代加工模式，在成本不变的前提下，获得更多的16%增值税专用发票。

将税务筹划前移至项目，建立项目完整的进、销项明细模板，设置增值税税负警戒线，按照工程形象进度进行策划，使得进、销项发票相配比，控制税负波动。

四、营改增过程中遇到的难题及应对措施

增值税核算有待规范统一。由于财政部2016年年底重新发布了新的增值税科目核算规则，股份公司也及时下发了新的修改意见，随即组织相关人员研究、执行股份公司增值税科目设置，并调整核算方法，但时间过于仓促，容易造成账务处理不当的情况。

五、营改增下一步工作计划与重点

营改增依然在路上，2017年，税务管理工作将继续围绕营改增主题，深入开展增值税制度建设、营改增绩效评价、税务中心发展运行、税务管理信息化建设等各项重要工作。

（一）完善税务管理体系，细化增值税管理制度

我们虽然拟定了多项增值税管理制度，但国家营改增政策依然在不断更新发布，我们在严格执行国家各项税收法律和规章制度的基础上，全面建立以防控税务风险和强化业绩考核为核心的税务管理体系，建立健全增值税内控管理制度，深化落实增值税管理要求，完善风险管理体系建设。

（二）开展税改绩效评价，落实营改增业绩管理

深入研究营改增政策实施方案及其效果评价，建立纳税风险控制模型，完善内部控制管理制度，分析营改增的挑战与对策，从投标报价、合同修订、招标定价、成本控制、物资采购、项目结算、会计核算等该局生产经营活动的各个环节，逐条收集、梳理、

分析、归纳营改增相关政策及具体应用，包括增值税管理难点以及由此对该局产生的影响和相关的规避措施等。

（三）制定区域税务规划，建立区域规章制度

上海税务协调中心的成立正是股份公司集中税务资源，提高税务管理效率，建立全国性的税务管理网络，实现税务管理专业化的一项重要举措。上海税务协调中心作为股份公司首家试点单位，该局立足上海，将以自身税务管理为依托，按照股份公司税务管理要求，借鉴驻沪兄弟单位优秀税务管理经验，创新税务管理方法，为股份公司税务区域化战略打好第一枪，站好第一班岗。

（四）创新税务管理模式，加大信息化建设力度

随着国家“金三”工程的深入推广，税务大数据时代来临，增值税法人管理的要求对税务工作提出了更高的要求，增值税“三流一致”的制度对企业票据管理、风险控制提出了更高的标准，依靠信息化手段实现税金归集至总部、清算到项目，以项目为单位分解进、销项管理和预缴情况，实现内部税款统筹清算和税负水平分析电子化。

（五）加大人力资源投入，培养企业税务专家

营改增工作的顺利开展离不开企业资源的持续投入，要落实企业税务管理人员编制，加大全员培训力度，加强同业经验交流，培养一批优秀的管理人才和业务经营人才，助推企业转型升级和提质增效。

（六）坚持依法缴纳税款，实现税务价值创造

依法纳税是企业的法定义务，财务管理人员，尤其是税务管理人员要加强税收法规的学习，建立依法纳税的意识，掌握增值税核算原则，灵活运用营改增政策，保障企业合法权益，实现税务价值创造。

第十章　一般纳税人增值税纳税申报表填写

一、填写顺序

一般纳税人按照以下顺序填写申报表：

第一步:填写《增值税纳税申报表附列资料(一)》(本期销售情况明细)第 1 至 11 列；

第二步:填写《增值税纳税申报表附列资料(三)》(服务、不动产和无形资产扣除项目明细)(有差额扣除项目的纳税人填写)；

第三步:填写《增值税纳税申报表附列资料(一)》(本期销售情况明细)第 12 至 14 列(有差额扣除项目的纳税人填写)；

第四步:填写《增值税减免税申报明细表》(有减免税业务的纳税人填写)；

第五步:填写《增值税纳税申报表附列资料(五)》(不动产分期抵扣计算表)(有不动产进项税额分期抵扣业务的纳税人填写)；

第六步:填写《固定资产(不含不动产)进项税额抵扣情况表》(有固定资产(不含不动产)进项税额抵扣业务的纳税人填写)；

第七步:填写《增值税纳税申报表附列资料(二)》(本期进项税额明细)；

第八步:填写《本期抵扣进项税额结构明细表》；

第九步:填写《增值税纳税申报表附列资料(四)》(税额抵减情况表)(有税额抵减业务的纳税人填写)；

第十步:填写《增值税纳税申报表(一般纳税人适用)》(根据附表数据填写主表)。

二、一般业务的填写

增值税一般纳税人发生的一般业务(不包含即征即退、减免税、出口退税、汇总申报、税额抵减、差额征税、固定资产抵扣、不动产抵扣业务),只需要填写附列资料一、附列资料二和主表中的部分项目，其他表格不需要填写。

（一）销售情况的填写

1. 一般计税方法的填写

纳税人适用一般计税方法的业务，当期取得的收入根据适用不同的税率确定的销售额和销项税额，分别填写到对应的“开具增值专用发票”、“开具其他发票”、“未开具发票”列中。

2. 简易计税方法的填写

纳税人适用简易计税方法的业务，当期取得的收入根据适用不同征收率确定的销售额和应纳税额，分别填写到对应的“开具增值专用发票”“开具其他发票”“未开具发票”列中。

（二）进项税额的填写

1. 申报抵扣的进项税额的填写

纳税人当期认证相符（或增值税发票查询平台勾选确认抵扣）的增值税专用发票（含机动车销售统一发票）的进项税额填写在“认证相符的增值税专用发票”栏次中。

当期取得的“海关进口增值税专用缴款书”经稽核比对相符后，根据稽核比对结果通知书注明的相符税额合计，填写到附列资料二第5栏“海关进口增值税专用缴款书”栏次中。

当期取得的农产品收购发票或销售发票计算的进项税额，填写到附列资料二第6栏“农产品收购发票或者销售发票”栏次中。实行农产品核定扣除的企业，计算出的当期农产品核定扣除进项税额也填写在此栏中。

当期取得的“代扣代缴税收缴款凭证”，代扣代缴的税额填写到附列资料二第7栏“代扣代缴税收缴款凭证”栏次中。

2016年5月1日至7月31日期间取得的道路、桥、闸通行费，以取得的通行费发票（不含财政票据）上注明的收费金额计算的可抵扣进项税额，填入附列资料二第8b栏“其他”。

【政策链接】一般纳税人支付的道路、桥、闸通行费，暂凭取得的通行费发票（不含财政票据，下同）上注明的收费金额按照下列公式计算可抵扣的进项税额：

$$\begin{array}{c}\text{高速公路通行费}\\\text{可抵扣进项税额}\end{array}=\begin{array}{c}\text{高速公路通行费}\\\text{发票上注明的金额}\end{array}\div(1+3\%)\times3\%;$$

$$\begin{array}{c}\text{一级公路、二级公路、桥、}\\\text{闸通行费可抵扣进项税额}\end{array}=\begin{array}{c}\text{一级公路、二级公路、桥、}\\\text{闸通行费发票上注明的金额}\end{array}\div(1+5\%)\times5\%。$$

2. 进项税额转出额的填写

纳税人已经抵扣但按政策规定应在本期转出的进项税额，填写到附列资料二第13至23栏中。

【政策链接】《营业税改增值税试点实施办法》第二十七条下列项目的进项税额不

得从销项税额中抵扣：

(1)用于简易计税方法计税项目、免征增值税项目、集体福利或者个人消费的购进货物、加工修理修配劳务、服务、无形资产和不动产。其中涉及的固定资产、无形资产、不动产，仅指专用于上述项目的固定资产、无形资产(不包括其他权益性无形资产)、不动产。纳税人的交际应酬消费属于个人消费。

(2)非正常损失的购进货物，以及相关的加工修理修配劳务和交通运输服务。

(3)非正常损失的在产品、产成品所耗用的购进货物(不包括固定资产)、加工修理修配劳务和交通运输服务。

(4)非正常损失的不动产，以及该不动产所耗用的购进货物、设计服务和建筑服务。

(5)非正常损失的不动产在建工程所耗用的购进货物、设计服务和建筑服务。纳税人新建、改建、扩建、修缮、装饰不动产，均属于不动产在建工程。

(三)主表的填写

1. 销售额的填写

一般纳税人申报表主表中的销售额都为不含税销售额。服务、不动产和无形资产有扣除项目的，为扣除之前的不含税销售额。销售额根据不同项目，分别填写到“按适用税率计税销售额”、“按简易办法计税销售额”、“免、抵、退办法出口销售额”、“免税销售额”栏中。主表的销售额根据附列资料一中的销售额进行填写。

其中：服务、不动产和无形资产的销售额不填写到主表第 3 栏“应税劳务销售额”中，应填写到主表第 1 栏“按适用税率计税销售额”中。

“应税劳务销售额”栏填写应税加工、修理、修配劳务的不含税销售额。

2. 税款计算的填写

附列资料一中的“货物劳务的销项税额”与“服务、不动产和无形资产的销项税额”合计填写在主表第 11 栏“销项税额”栏次。附列资料二中第 12 栏“当期申报抵扣进项税额合计”填写在主表第 12 栏“进项税额”中。根据主表中注明的公式计算的“应抵扣税额合计”、“实际抵扣税额”、“应纳税额”、“期末留抵税额”、“应纳税额合计”分别填写在相应的栏次。

主表第 23 栏“应纳税额减征额”填写纳税人本期按照税法规定减征的增值税应纳税额，包含按照规定可在增值税应纳税额中全额抵减的增值税税控系统专用设备费用以及技术维护费(以下简称“两项费用”)，纳税人销售使用过的固定资产、销售旧货销售额 1%减征的部分。

主表第 24 栏“应纳税额合计”由一般计税方法计算的“应纳税额”与“简易计税办法计算的应纳税额”之和，减去“应纳税额减征额”计算得出。一般计税方法的留抵税额不能抵扣简易计算办法计算的应纳税额。

3. 税款缴纳的填写

主表第 28 栏“①分次预缴税额”填写纳税人本期已缴纳的准予在本期增值税应纳税额中抵减的税额。

主表第 34 栏“本期应补(退)税额”反映纳税人本期应纳税额中应补缴或应退回的数额。按表中所列公式计算填写。

三、特殊业务的填写

(一)即征即退业务的填写

纳税人按规定享受增值税即征即退政策的货物、劳务和服务、不动产、无形资产的征(退)税数据填写在附列资料一“即征即退项目”栏次中和主表“即征即退项目”列中。未发生即征即退业务的纳税人无需填写相关内容。即征即退业务的纳税人取得的进项税额需要在“一般项目”和“即征即退项目”中进行分摊。

(二)减免税业务的填写

发生免税业务的纳税人需要填写附列资料一免税相应栏次和减免税明细表、主表免税销售额栏次。

减免税明细表的填写:

“减税项目”由本期按照税收法律、法规及国家有关税收规定享受减征(包含税额式减征、税率式减征)增值税优惠的纳税人填写。“应纳税额减征额”当期大于零的纳税人需要填写“减税项目”栏次。

“免税项目”由本期按照税收法律、法规及国家有关税收规定免征增值税的纳税人填写。仅享受小微企业免征增值税政策或未达起征点的小规模纳税人不需填写,即小规模纳税人申报表主表第 12 栏“其他免税销售额”、“本期数”无数据时,不需填写本栏。

“减税性质代码及名称”、“免税性质代码及名称”根据国家税务总局最新发布的《减免性质及分类表》所列减免性质代码、项目名称填写。同时有多个减税、免税项目的,应分别填写。

“免税销售额对应的进项税额”按下列情况填写:纳税人兼营应税和免税项目的,按当期免税销售额对应的进项税额填写;纳税人本期销售收入全部为免税项目,且当期取得合法扣税凭证的,按当期取得的合法扣税凭证注明或计算的进项税额填写;当期未取得合法扣税凭证的,纳税人可根据实际情况自行计算免税项目对应的进项税额;无法计算的,本栏次填“0”。

(三)出口退税业务的填写

1. 生产企业免抵退税业务的填写

(1)出口销售额的填写

生产企业适用免抵退政策的当期出口销售额填报在附列资料一“免抵退税”部分

"开具其他发票"、"销售额"列，和主表第7栏"免、抵、退办法出口销售额"。该销售额为企业会计确认的出口销售额。《免抵退税申报汇总表》中的出口销售额是单证信息齐全进行出口退税申报的销售额。两者口径不一致，形成的《免抵退税申报汇总表》与《增值税纳税申报表》本年累计销售额差异属于正常情形。

(2)征退税率之差转出的进项税额填写

生产企业应根据免抵退税正式申报的出口销售额计算免抵退税不得免征和抵扣税额，并填报在当期《增值税纳税申报表附列资料(二)》第18栏"免抵退税办法出口货物不得抵扣进项税额"、《免抵退税申报汇总表》第25栏"免抵退税不得免征和抵扣税额"。汇总表第25栏与附列资料二第18栏数值需相同，不得有差异。

(3)免抵退应退税额的填写

增值税纳税申报表主表中的第15栏"免抵退应退税额"不是申报系统自动带出，需要手工填入。该栏按照税务机关退税部门审核确认的上期《免抵退税申报汇总表》中的第36栏"当期应退税额"填报。出口企业无论当月是否收到退税款，都必须按照以上要求填写。

(4)生产企业出口业务适用免税情形的填写

生产企业出口业务适用免税情形时，出口销售额填写在附列资料一免税列、减免税明细表中"出口免税"栏次和主表第8栏"免税销售额"中。与此同时，用于免税业务计算的进项税额转出填写在附列资料二第14栏"免税项目用"。

2. 外贸企业免退税业务的填写

(1)出口销售额的填写

外贸企业出口销售额适用免退税的，填写在附列资料一免税列和主表第8栏"免税销售额"中。

(2)进项税额的填写

外贸企业用于出口业务取得的专用发票须按规定的时限进行认证(或登录发票查票平台勾选确认)。外贸企业内外销必须分开核算。外贸企业取得的用于出口退(免)税的进项发票，认证后填写在附列资料二"待抵扣进项税额"相应栏次。外贸企业征退税率之差部分计入成本，不在附列资料二进项税额转出中反映。

四、汇总申报业务的填写

(一)总机构申报表的填写

实行总分支机构汇总申报的企业，总机构填写完整的增值税申报表。总机构根据传递表系统汇总的，包含所有总分支机构销售额、进项税额、分支机构分配的应纳税额，进行填写申报表。总机构需要填写完整的申报表。

所有总分支机构取得的进项税额，由总机构汇总填写在附列资料二第1栏"认证相符的增值税专用发票”中。按季申报的总机构，汇总的进项税额包含该季度所有总分支机构认证(或登录发票查询平台勾选确认)的专用发票进项税额之和。

分支机构根据销售占比分配的税款，由总机构填写在主表第28栏“①分次预缴税额”。实行定率预缴的总分支机构，分支机构定率预征的税款也填报在该栏。

(二)分支机构申报表的填写

分支机构只需要填写附列资料一、附列资料二、主表。

1. 销售额的填写

分支机构实行按销售额占比分配的税款，倒推出的销售额填写在附列资料一“一般计税方法”相应税率栏次中。

分支机构实行定率预征计算的税款，倒推出的销售额填写在附列资料一“一般计税方法”相应税率栏次中。

营改增分支机构实行定率预征的，销售额填写在附列资料一第13a行“预征率%”。部分实行汇总计算缴纳增值税的铁路运输试点纳税人销售额填写在附列资料一第13b、13c行“预征率 %”。

2. 进项税额的填写

分支机构认证((或登录发票查询平台勾选确认)的专用发票进项税额填写在附列资料二第1栏“认证相符的增值税专用发票”中，并填写到附列资料二第17栏“简易计税方法征税项目用”作进项税额转出。

五、税额抵减业务的填写

发生“两项费用”抵减以及销售、出租不动产和销售建筑服务按规定预缴增值税的纳税人，需要填写《增值税纳税申报表附列资料(四)》(税额抵减情况表)。

本表第3行由销售建筑服务并按规定预缴增值税的纳税人填写，反映其销售建筑服务预征缴纳税款抵减应纳增值税税额的情况。

本表第4行由销售不动产并按规定预缴增值税的纳税人填写，反映其销售不动产预征缴纳税款抵减应纳增值税税额的情况。

本表第5行由出租不动产并按规定预缴增值税的纳税人填写，反映其出租不动产预征缴纳税款抵减应纳增值税税额的情况。

六、差额征税业务的填写

有差额征税业务的纳税人需要填写附列资料二第12至14列和附列资料三。附列资料二中第12列相应栏次的数值应等于附列资料三第3列相应栏次的数值。

【填写案例一】某市A金融机构，为增值税一般纳税人，2017年12月20日，买入金融商品B，买入价50万元，12月25日将金融商品B卖出，卖出价45万元。A纳税人 2017 年仅发生了这一笔金融商品转让业务。

2018 年 1 月 10 日，该纳税人买入金融商品 C，买入价 100 万元，1 月 28 日将金融商品 C 卖出，卖出价 105 万元。A 纳税人在 2018 年 1 月仅发生了这一笔金融商品转让业务。

业务分析：按照政策规定，金融商品转让，按照卖出价扣除买入价后的余额为销售额。转让金融商品出现的正负差，按盈亏相抵后的余额为销售额。若相抵后出现负差，可结转下一纳税期与下期转让金融商品销售额相抵，但年末时仍出现负差的，不得转入下一个会计年度。

A 纳税人在 2017 年 12 月（税款所属期），申报表《附列资料（三）》的填报方法如表 10.1 所示：

表 10.1　　2017 年 12 月（税款所属期）申报表填报方法

<table>
<tr><td colspan="8">增值税纳税申报表附列资料（三）</td></tr>
<tr><td colspan="8">（服务、不动产和无形资产扣除项目明细）</td></tr>
<tr><td colspan="8">税款所属时间：　2017 年　12 月 1 日至　2017 年　12 月 31 日</td></tr>
<tr><td colspan="7">纳税人名称：（公章）</td><td>金额单位：元至角分</td></tr>
<tr><td colspan="2" rowspan="3">项目及栏次</td><td rowspan="2">本期服务、不动产和无形资产价税合计额（免税销售额）</td><td colspan="5">服务、不动产和无形资产扣除项目</td></tr>
<tr><td>期初余额</td><td>本期发生额</td><td>本期应扣除金额</td><td>本期实际扣除金额</td><td>期末余额</td></tr>
<tr><td>1</td><td>2</td><td>3</td><td>4＝2＋3</td><td>5（5≤1 且 5≤4）</td><td>6＝4－5</td></tr>
<tr><td>6%税率的金融商品转让项目</td><td>4</td><td>450 000</td><td>0</td><td>500 000</td><td>500 000</td><td>450 000</td><td>50 000</td></tr>
</table>

A 纳税人在 2018 年 1 月（税款所属期），申报表《附列资料（三）》的填报方法如表 10.2 所示：

表 10.2　　2018 年 1 月（税款所属期）申报表填报方法

<table>
<tr><td colspan="2">增值税纳税申报表附列资料（三）</td></tr>
<tr><td colspan="2">（服务、不动产和无形资产扣除项目明细）</td></tr>
<tr><td colspan="2">税款所属时间：　2018 年　1 月 1 日至　2018 年　1 月 31 日</td></tr>
<tr><td>纳税人名称：（公章）</td><td>金额单位：元至角分</td></tr>
</table>

续表

项目及栏次		本期服务、不动产和无形资产价税合计额（免税销售额）	服务、不动产和无形资产扣除项目				
			期初余额	本期发生额	本期应扣除金额	本期实际扣除金额	期末余额
		1	2	3	4=2+3	5(5≤1且5≤4)	6=4-5
6%税率的金融商品转让项目	4	1 100 000	0	1 050 000	1 050 000	1 050 000	0

七、不动产分期抵扣的填写

纳税人当期发生购建不动产的业务，按照政策规定分 2 年抵扣增值税进项税额的，应填写附列资料五对应栏次和附列资料二对应栏次。

适用分期抵扣的不动产进项税额，60%的部分于取得扣税凭证的当期从销项税额中抵扣；40%的部分为待抵扣进项税额，于取得扣税凭证的当月起第 13 个月从销项税额中抵扣。在附列资料五第 2 列“本期可抵扣不动产进项税额”和附列资料二第 10 栏“本期不动产允许抵扣进项税额”中反映（详情见【填写案例二】）。

购进时已全额抵扣进项税额的货物和服务，转用于不动产在建工程的，其已抵扣进项税额的 40%部分，应于转用的当期从进项税额中扣减，填写在附列资料二第 23 栏“其他应作进项税额转出的情形”，与此同时计入待抵扣进项税额，填写在附列资料五第 4 列“本期转入的待抵扣不动产进项税额”（详情见【填写案例三】）。

不动产在建工程发生非正常损失的，其所耗用的购进货物、设计服务和建筑服务已抵扣的进项税额应于当期全部转出，填写在附列资料二进项税额转出相应的栏次；其待抵扣进项税额不得抵扣，填写在附列资料五第 5 列“本期转出的待抵扣不动产进项税额”。

已抵扣进项税额的不动产发生不得抵扣的情形，不得抵扣的进项税额大于该不动产已抵扣进项税额的，从该不动产待抵扣进项税额中扣减不得抵扣进项税额与已抵扣进项税额的差额，填入附列资料五第 5 列“本期转出的待抵扣不动产进项税额”（详情见【填写案例四】）。

【填写案例二】购进不动产抵扣分期抵扣的填写：

2018 年 5 月 15 日，某市 A 增值税一般纳税人购进办公大楼一座，该大楼用于公司办公，计入固定资产，并于次月开始计提折旧。5 月 20 日，该纳税人取得该大楼的增值税专用发票并认证相符，专用发票注明的金额为 200 万元，增值税税额为 22 万元。

业务分析：根据不动产抵扣相关规定，22 万元进项税额中的 60%将在本期（2018 年 5 月）抵扣，剩余的 40%于取得扣税凭证的当月起第 13 个月（2018 年 5 月）抵扣。

该项业务在 2018 年 5 月（税款所属期），申报表《附列资料（二）》的填报方法如表 10.3 所示：

表 10.3　　2018 年 5 月（税款所属期）申报表填报方法

增值税纳税申报表附列资料（二）				
（本期进项税额明细）				
税款所属时间：2018 年　5 月 1 日至　2018 年　5 月 31 日				
纳税人名称：（公章）		金额单位：元至角分		
一、申报抵扣的进项税额				
项目	栏次	份数	金额	税额
（一）认证相符的增值税专用发票	1=2+3			
其中：本期认证相符且本期申报抵扣	2		2 000 000	220 000
前期认证相符且本期申报抵扣	3			
（二）其他扣税凭证	4=5+6+7+8			
其中：海关进口增值税专用缴款书	5			
农产品收购发票或者销售发票	6			
代扣代缴税收缴款凭证	7		——	
其他	8			
（三）本期用于购建不动产的扣税凭证	9		2 000 000	220 000
（四）本期不动产允许抵扣进项税额	10	——	——	132 000
（五）外贸企业进项税额抵扣证明	11	——	——	
当期申报抵扣进项税额合计	12=1+4−9+10+11			132 000

增值税纳税申报表附列资料（五）					
（不动产分期抵扣计算表）					
税款所属时间：　2018 年　5 月 1 日至　2018 年　5 月 31 日					
纳税人名称：（公章）			金额单位：元至角分		
期初待抵扣不动产进项税额	本期不动产进项税额增加额	本期可抵扣不动产进项税额	本期转入的待抵扣不动产进项税额	本期转出的待抵扣不动产进项税额	期末待抵扣不动产进项税额
1	2	3≤1+2+4	4	5≤1+4	6=1+2−3+4−5
0	220 000	132 000	0	0	88 000

【填写案例三】2017 年 5 月 9 日，某市 A 纳税人购入一批材料，取得增值税专用发票并认证相符，专用发票注明的增值税税额为 50 万元；因纳税人购进材料未决定是否用于不动产（可能用于销售），因此在购进的当期全额抵扣进项税额。9 月 10 日，纳税人将该批材料耗用于新建的综合办公大楼在建工程。

业务分析：按照政策规定，该 50 万元进项税额在购进的当期可全额抵扣，在后期用于不动产在建工程时，该 50 万元进项税额中的 30%应于改变用途的当期，做进项税额转出处理，并于领用当月起第 13 个月，再重新计入抵扣。当期应转出的进项税额＝50 万元×30%＝15 万元。

该项业务在 2017 年 9 月（税款所属期）申报表《附列资料（二）》的填报方法如表 10.4 所示：

表 10.4　　2017 年 9 月（税款所属期）申报表填报方法

二、进项税额转出额		
项目	栏次	税额
本期进项税额转出额	13＝14 至 23 之和	150 000
其中：免税项目用	14	
集体福利、个人消费	15	
非正常损失	16	
简易计税方法征税项目用	17	
免抵退税办法不得抵扣的进项税额	18	
纳税检查调减进项税额	19	
红字专用发票信息表注明的进项税额	20	
上期留抵税额抵减欠税	21	
上期留抵税额退税	22	
其他应作进项税额转出的情形	23	150 000

2017 年 11 月（税款所属期）申报表《附列资料（五）》的填报方法如表 10.5 所示：

表 10.5　　2017 年 11 月（税款所属期）申报表填报方法

增值税纳税申报表附列资料（五）	
（不动产分期抵扣计算表）	
税款所属时间：　2017 年　9 月 1 日至　2017 年　9 月 30 日	
纳税人名称：（公章）	金额单位：元至角分

续表

期初待抵扣不动产进项税额	本期不动产进项税额增加额	本期可抵扣不动产进项税额	本期转入的待抵扣不动产进项税额	本期转出的待抵扣不动产进项税额	期末待抵扣不动产进项税额
1	2	3≤1+2+4	4	5≤1+4	6=1+2−3+4−5
0	0	0	150 000	0	0

【填写案例四】某市A纳税人为增值税一般纳税人，2017年5月8日，买了一座办公用楼，金额2 000万元，进项税税额200万元。2018年1月，纳税人就将办公楼改造成员工食堂，用于集体福利，此时不动产的净值为1 500万元。

业务分析：按照政策规定，正常情况下，纳税人购入该项不动产，应在2017年5月抵扣120万元，2018年5月（第13个月）再抵扣剩余的80万元。由于纳税人在2018年1月将该项不动产用于集体福利，因此需要按照政策规定进行相应的处理。2018年1月，该不动产的净值为1 500万元，不动产净值率就是75%，不得抵扣的进项税额为200万元，大于已抵扣的进项税额120万元，按照政策规定，这时应将已抵扣的120万元进项税额转出，并在待抵扣进项税额中扣减不得抵扣进项税额与已抵扣进项税额的差额150−120=30万元。

该项业务在2018年1月（税款所属期）的填报方法如表10.6所示：

表10.6　　2018年1月（税款所属期）申报表填报方法

二、进项税额转出额		
项目	栏次	税额
本期进项税额转出额	13=14至23之和	1 200 000
其中：免税项目用	14	
集体福利、个人消费	15	1 200 000
非正常损失	16	
简易计税方法征税项目用	17	
免抵退税办法不得抵扣的进项税额	18	
纳税检查调减进项税额	19	
红字专用发票信息表注明的进项税额	20	
上期留抵税额抵减欠税	21	
上期留抵税额退税	22	
其他应作进项税额转出的情形	23	

增值税纳税申报表附列资料(五)					
(不动产分期抵扣计算表)					
税款所属时间： 2018 年 1 月 1 日至 2018 年 1 月 31 日					
纳税人名称:(公章)			金额单位:元至角分		
期初待抵扣不动产进项税额	本期不动产进项税额增加额	本期可抵扣不动产进项税额	本期转入的待抵扣不动产进项税额	本期转出的待抵扣不动产进项税额	期末待抵扣不动产进项税额
1	2	3≤1+2+4	4	5≤1+4	6=1+2−3+4−5
800 000	0	0	0	300 000	500 000

该项业务在 2018 年 5 月(税款所属期)的填报方法如表 10.7 所示：

表 10.7　　2018 年 5 月(税款所属期)申报表填报方法

增值税纳税申报表附列资料(五)					
(不动产分期抵扣计算表)					
税款所属时间： 2018 年 5 月 1 日至 2018 年 5 月 31 日					
纳税人名称:(公章)			金额单位:元至角分		
期初待抵扣不动产进项税额	本期不动产进项税额增加额	本期可抵扣不动产进项税额	本期转入的待抵扣不动产进项税额	本期转出的待抵扣不动产进项税额	期末待抵扣不动产进项税额
1	2	3≤1+2+4	4	5≤1+4	6=1+2−3+4−5
500 000	0	500 000	0	0	0

八、增值税预缴税款的填写

纳税人发生以下情形按规定在国税机关预缴增值税时填写《增值税预缴税款表》:(1)纳税人(不含其他个人)跨县(市)提供建筑服务。(2)房地产开发企业预售自行开发的房地产项目。(3)纳税人(不含其他个人)出租与机构所在地不在同一县(市)的不动产。

预缴税款表中“销售额”为扣除前的含税销售额。出租不动产业务不需要填写“项目编号”。“扣除金额”列由跨县(市)提供建筑服务的纳税人,填写按照规定准予从全部价款和价外费用中扣除的金额(含税)。

跨县(市)提供建筑服务的纳税人不同项目需要分开填写该表。不同项目的扣除金额不能打通计算。

【填写案例五】某A省建筑公司在B省分别提供了两项建筑服务(适用一般计税方法),2018年5月,项目1当月取得建筑服务收入110万元,支付分包款1 100万元(取得了增值税专用发票),项目2当月取得建筑服务收入1 100万元,支付分包款110万元(取得了增值税专用发票),该项目公司该如何预缴税款?

该建筑公司应当在B省就两项建筑服务分别计算并预缴税款:

(1)项目1由于当月收入110万元扣除当月分包款支出1 100万元后为负数(−990万元),因此,项目1当月计算的预缴税款为0,且剩余的990万元可结转下次预缴税款时继续扣除(见表10.8)。

表10.8　增值税预缴税款表

税款所属时间: 2018年 5月1日至 2018年 5月31日						
纳税人识别号:□□□□□□□□□□□□□□□□□□□□□				是否适用一般计税方法		是□ 否□
纳税人名称:(公章)				金额单位:元(列至角分)		
项目编号			项目名称	项目1		
项目地址						
预征项目和栏次		销售额	扣除金额	预征率		预征税额
		1	2	3		4
建筑服务	1	1 100 000	1 100 000	2%		0
销售不动产	2					
出租不动产	3					
	4					
	5					
合计	6					

(2)项目2当月收入1 100万元扣除分包款支出110万元后剩余990万元,因此,应以990万元为计算依据计算预缴税款。应预缴税款=(1 100−110)÷(1+10%)×2%=18万元(见表10.9)。

表10.9　增值税预缴税款表

税款所属时间: 2018年 5月1日至 2018年 5月31日				
纳税人识别号:□□□□□□□□□□□□□□□□□□□□□			是否适用一般计税方法	是□ 否□
纳税人名称:(公章)			金额单位:元(列至角分)	
项目编号		项目名称	项目2	
项目地址				

续表

预征项目和栏次		销售额	扣除金额	预征率	预征税额
		1	2	3	4
建筑服务	1	11 000 000	1 100 000	2%	180 000
销售不动产	2				
出租不动产	3				
	4				
	5				
合计	6				

【填写案例六】某A省建筑公司在B省分别提供了两项建筑服务(适用简易计税方法),2018年5月,项目1当月取得建筑服务收入110万元,支付分包款1 100万元(取得了增值税专用发票),项目2当月取得建筑服务收入1 100万元,支付分包款110万元(取得了增值税专用发票),该项目公司该如何预缴税款?

该建筑公司应当在B省就两项建筑服务分别计算并预缴税款:

(1)项目1由于当月收入110万元扣除当月分包款支出1 100万元后为负数(−990万元),因此,项目1当月计算的预缴税款为0,且剩余的990万元可结转下次预缴税款时继续扣除(见表10.10)。

表10.10　　增值税预缴税款表

税款所属时间: 2018年 5月1日至 2018年 5月31日					
纳税人识别号:□□□□□□□□□□□□□□□□□□□□□□□□				是否适用一般计税方法	是□ 否□
纳税人名称:(公章)				金额单位:元(列至角分)	
项目编号			项目名称	项目1	
项目地址					
预征项目和栏次		销售额	扣除金额	预征率	预征税额
		1	2	3	4
建筑服务	1	1 100 000	11 000 000	3%	0
销售不动产	2				
出租不动产	3				
	4				
	5				
合计	6				

(2)项目2当月收入1 100万元扣除分包款支出110万元后剩余990万元,因此,应以1 100万元为计算依据计算预缴税款。

应预缴税款=(1 100－110)÷(1+3%)×3%= 28.83万元(见表10.11)。

表10.11　增值税预缴税款表

<table>
<tr><td colspan="7">税款所属时间：　2018年　5月1日至　2018年　5月31日</td></tr>
<tr><td colspan="4">纳税人识别号：□□□□□□□□□□□□□□□□□□□□□</td><td>是否适用一般计税方法</td><td colspan="2">是□　否□</td></tr>
<tr><td colspan="4">纳税人名称：(公章)</td><td>金额单位：元(列至角分)</td><td colspan="2"></td></tr>
<tr><td colspan="2">项目编号</td><td></td><td>项目名称</td><td colspan="3">项目2</td></tr>
<tr><td colspan="2">项目地址</td><td colspan="5"></td></tr>
<tr><td colspan="2" rowspan="2">预征项目和栏次</td><td>销售额</td><td>扣除金额</td><td>预征率</td><td colspan="2">预征税额</td></tr>
<tr><td>1</td><td>2</td><td>3</td><td colspan="2">4</td></tr>
<tr><td>建筑服务</td><td>1</td><td>11 000 000</td><td>1 100 000</td><td>3%</td><td colspan="2">288 300</td></tr>
<tr><td>销售不动产</td><td>2</td><td></td><td></td><td></td><td colspan="2"></td></tr>
<tr><td>出租不动产</td><td>3</td><td></td><td></td><td></td><td colspan="2"></td></tr>
<tr><td></td><td>4</td><td></td><td></td><td></td><td colspan="2"></td></tr>
<tr><td></td><td>5</td><td></td><td></td><td></td><td colspan="2"></td></tr>
<tr><td>合计</td><td>6</td><td></td><td></td><td></td><td colspan="2"></td></tr>
</table>

九、增值税纳税申报表

(一)主表

增值税纳税申报表如表10.12所示：

表10.12　增值税纳税申报表

(适用于增值税一般纳税人)

根据《中华人民共和国增值税暂行条例》和《交通运输业和部分现代服务业营业税改征增值税试点实施办法》的规定制定本表。纳税人不论有无销售额,均应按主管税务机关核定的纳税期限按期填报本表,并向当地税务机关申报。

税款所属时间：自　年　月　日至　年　月　日

填表日期：　年　月　日　　金额单位：元至角分

<table>
<tr><td>纳税人识别号</td><td colspan="4"></td><td>所属行业：</td><td colspan="2"></td></tr>
<tr><td>纳税人名称</td><td>(公章)</td><td>法定代表人姓名</td><td></td><td>注册地址</td><td></td><td>营业地址</td><td></td></tr>
<tr><td>开户银行及账号</td><td colspan="2"></td><td>企业登记注册类型</td><td colspan="2"></td><td>电话号码</td><td></td></tr>
</table>

续表

项目		栏次	一般货物及劳务和应税服务		即征即退货物及劳务和应税服务	
			本月数	本年累计	本月数	本年累计
销售额	(一)按适用税率征税销售额	1				
	其中:应税货物销售额	2				
	应税劳务销售额	3				
	纳税检查调整的销售额	4				
	(二)按简易征收办法征税销售额	5				
	其中:纳税检查调整的销售额	6				
	(三)免、抵、退办法出口销售额	7			——	——
	(四)免税销售额	8			——	——
	其中:免税货物销售额	9			——	——
	免税劳务销售额	10			——	——
税款计算	销项税额	11				
	进项税额	12				
	上期留抵税额	13				——
	进项税额转出	14				
	免、抵、退应退税额	15			——	——
	按适用税率计算的纳税检查应补缴税额	16			——	——
	应抵扣税额合计	17=12+13-14-15+16		——		——
	实际抵扣税额	18(如17<11,则为17,否则为11)				
	应纳税额	19=11-18				
	期末留抵税额	20=17-18				——
	简易征收办法计算的应纳税额	21				
	按简易征收办法计算的纳税检查应补缴税额	22			——	——
	应纳税额减征额	23				
	应纳税额合计	24=19+21-23				

续表

税款缴纳	期初未缴税额（多缴为负数）	25				
	实收出口开具专用缴款书退税额	26			——	——
	本期已缴税额	27＝28＋29＋30＋31				
	①分次预缴税额	28		——		——
	②出口开具专用缴款书预缴税额	29		——	——	——
	③本期缴纳上期应纳税额	30				
	④本期缴纳欠缴税额	31				
	期末未缴税额（多缴为负数）	32＝24＋25＋26－27				
	其中：欠缴税额（≥0）	33＝25＋26－27		——		——
	本期应补（退）税额	34＝24－28－29		——		——
	即征即退实际退税额	35	——	——		
	期初未缴查补税额	36			——	——
	本期入库查补税额	37			——	——
	期末未缴查补税额	38＝16＋22＋36－37			——	——

授权声明	如果你已委托代理人申报，请填写下列资料： 为代理一切税务事宜，现授权（地址）为本纳税人的代理申报人，任何与本申报表有关的往来文件，都可寄予此人。 授权人签字：	申报人声明	此纳税申报表是根据《中华人民共和国增值税暂行条例》的规定填报的，我相信它是真实的、可靠的、完整的。 声明人签字：

以下由税务机关填写：

收到日期：　　　　　　　　　　　接收人：　　　　　　　　　　主管税务机关盖章：

（二）附列资料一

增值税纳税申报表附列资料（一）如表 10.13 所示：

表 10.13　增值税纳税申报表附列资料(一)

(本期销售情况明细)

税款所属时间：　年　月　日至　年　月　日

纳税人名称:(公章)　　　　　　　　　　金额单位:元至角分

项目及栏次				开具增值税专用发票		开具其他发票		未开具发票		纳税检查调整		合计			服务、不动产和无形资产扣除项目本期实际扣除金额	扣除后	
				销售额	销项(应纳)税额	销售额	销项(应纳)税额	销售额	销项(应纳)税额	销售额	销项(应纳)税额	销售额	销项(应纳)税额	价税合计		含税(免税)销售额	销项(应纳)税额
				1	2	3	4	5	6	7	8	9=1+3+5+7	10=2+4+6+8	11=9+10	12	13=11−12	14=13÷(100%+税率或征收率)×税率或征收率
一、一般计税方法计税	全部征税项目	16%税率的货物及加工修理修配劳务	1											—	—	—	—
		16%税率的服务、不动产和无形资产	2														
		13%税率	3											—	—	—	—
		10%税率的货物及加工修理修配劳务	4a											—	—	—	—
		10%税率的服务、不动产和无形资产	4b														
		6%税率	5														
	其中：即征即退项目	即征即退货物及加工修理修配劳务	6	—	—	—	—	—	—	—	—			—	—	—	—
		即征即退服务、不动产和无形资产	7	—	—	—	—	—	—	—	—						
二、简易计税方法计税	全部征税项目	6%征收率	8							—	—					—	—
		5%征收率的货物及加工修理修配劳务	9a							—	—			—	—	—	—
		5%征收率的服务、不动产和无形资产	9b							—	—						
		4%征收率	10							—	—			—	—	—	—
		3%征收率的货物及加工修理修配劳务	11							—	—			—	—	—	—
		3%征收率的服务、不动产和无形资产	12							—	—						
		预征率%	13a							—	—						

续表

二、简易计税方法计税		预征率　%	13b							——	——						
		预征率　%	13c							——	——						
	其中：即征即退项目	即征即退货物及加工修理修配劳务	14	——	——	——	——	——	——	——	——			——	——	——	——
		即征即退服务、不动产和无形资产	15	——	——	——	——	——	——	——	——						
三、免抵退税	货物及加工修理修配劳务		16	——	——		——		——	——	——		——	——	——	——	——
	服务、不动产和无形资产		17	——	——		——		——	——	——		——				——
四、免税	货物及加工修理修配劳务		18				——		——	——	——		——	——	——	——	——
	服务、不动产和无形资产		19	——	——		——		——	——	——		——				——

（三）附列资料二

增值税纳税申报表附列资料（二）如表10.14所示：

增值税纳税申报表附列资料（二）

（本期进项税额明细）

税款所属时间：　　年　月　日至　　年　月　日

纳税人名称：（公章）　　　　　　　　　　　　　　　　金额单位：元至角分

一、申报抵扣的进项税额				
项目	栏次	份数	金额	税额
（一）认证相符的增值税专用发票	1=2+3			
其中：本期认证相符且本期申报抵扣	2			
前期认证相符且本期申报抵扣	3			
（二）其他扣税凭证	4=5+6+7+8a+8b			
其中：海关进口增值税专用缴款书	5			
农产品收购发票或者销售发票	6			
代扣代缴税收缴款凭证	7		——	
加计扣除农产品进项税额	8a	——	——	
其他	8b			
（三）本期用于购建不动产的扣税凭证	9			
（四）本期不动产允许抵扣进项税额	10	——	——	

续表

(五)外贸企业进项税额抵扣证明	11	——	——	
当期申报抵扣进项税额合计	12=1+4-9+10+11			
二、进项税额转出额				
项目	栏次	税额		
本期进项税额转出额	13=14 至 23 之和			
其中:免税项目用	14			
集体福利、个人消费	15			
非正常损失	16			
简易计税方法征税项目用	17			
免抵退税办法不得抵扣的进项税额	18			
纳税检查调减进项税额	19			
红字专用发票信息表注明的进项税额	20			
上期留抵税额抵减欠税	21			
上期留抵税额退税	22			
其他应作进项税额转出的情形	23			
三、待抵扣进项税额				
项目	栏次	份数	金额	税额
(一)认证相符的增值税专用发票	24	——	——	——
期初已认证相符但未申报抵扣	25			
本期认证相符且本期未申报抵扣	26			
期末已认证相符但未申报抵扣	27			
其中:按照税法规定不允许抵扣	28			
(二)其他扣税凭证	29=30 至 33 之和			
其中:海关进口增值税专用缴款书	30			
农产品收购发票或者销售发票	31			
代扣代缴税收缴款凭证	32		——	
其他	33			
	34			

续表

四、其他				
项目	栏次	份数	金额	税额
本期认证相符的增值税专用发票	35			
代扣代缴税额	36	——	——	

（四）附列资料三

增值税纳税申报表附列资料（三）如表10.15所示：

表10.15　　增值税纳税申报表附列资料(三)

（服务、不动产和无形资产扣除项目明细）

税款所属时间：　年　月　日至　年　月　日

纳税人名称：（公章）　　金额单位：元至角分

项目及栏次		本期服务、不动产和无形资产价税合计额（免税销售额）	服务、不动产和无形资产扣除项目				
			期初余额	本期发生额	本期应扣除金额	本期实际扣除金额	期末余额
		1	2	3	4=2+3	5(5≤1且5≤4)	6=4−5
16%税率的项目	1						
10%税率的项目	2						
6%税率的项目(不含金融商品转让)	3						
6%税率的金融商品转让项目	4						
5%征收率的项目	5						
3%征收率的项目	6						
免抵退税的项目	7						
免税的项目	8						

（五）附列资料四

增值税纳税申报表附列资料（四）如表10.16所示：

表10.16　　增值税纳税申报表附列资料(四)

（税额抵减情况表）

税款所属时间：　年　月　日至　年　月　日

纳税人名称：（公章）　　金额单位：元至角分

序号	抵减项目	期初余额	本期发生额	本期应抵减税额	本期实际抵减税额	期末余额
		1	2	3=1+2	4≤3	5=3−4
1	增值税税控系统专用设备费及技术维护费					

续表

序号	抵减项目	期初余额	本期发生额	本期应抵减税额	本期实际抵减税额	期末余额
		1	2	3=1+2	4≤3	5=3−4
2	分支机构预征缴纳税款					
3	建筑服务预征缴纳税款					
4	销售不动产预征缴纳税款					
5	出租不动产预征缴纳税款					

（六）附列资料五

增值税纳税申报表附列资料（五）如表10.17所示：

表10.17　　增值税纳税申报表附列资料（五）

（不动产分期抵扣计算表）

税款所属时间：　　年　月　日至　　年　月　日

纳税人名称：（公章）　　　　金额单位：元至角分

期初待抵扣不动产进项税额	本期不动产进项税额增加额	本期可抵扣不动产进项税额	本期转入的待抵扣不动产进项税额	本期转出的待抵扣不动产进项税额	期末待抵扣不动产进项税额
1	2	3≤1+2+4	4	5≤1+4	6=1+2−3+4−5

（七）增值税减免税申报表

增值税减免税申报明细表如表10.18所示：

表10.18　　增值税减免税申报明细表

税款所属时间：自　　年　月　日至　　年　月　日

纳税人名称（公章）：　　　　金额单位：元至角分

一、减税项目						
减税性质代码及名称	栏次	期初余额	本期发生额	本期应抵减税额	本期实际抵减税额	期末余额
		1	2	3=1+2	4≤3	5=3−4
合计	1					

续表

	2					
	3					
	4					
	5					
	6					
二、免税项目						
免税性质代码及名称	栏次	免征增值税项目销售额	免税销售额扣除项目本期实际扣除金额	扣除后免税销售额	免税销售额对应的进项税额	免税额
		1	2	3＝1－2	4	5
合　计	7					
出口免税	8		——	——	——	——
其中:跨境服务	9		——	——	——	——
	10					
	11					
	12					
	13					
	14					
	15					
	16					

(八)免抵退税申报汇总表

免抵退税申报汇总表如表 10.19 所示。

表 10.19 **免抵退税申报汇总表**

海关企业代码：

纳税人名称： 所属期：

纳税人识别号： 金额单位：元至角分

项目		栏次	当期	本年累计	与增值税纳税申报表差额
			(a)	(b)	(c)
一、出口额	免抵退出口货物劳务销售额(美元)	1=2+3			------------
	其中:免抵退出口货物销售额(美元)	2			------------
	应税服务免抵退税营业额(美元)	3			------------
	免抵退出口货物劳务销售额	4			------------
	支付给非试点纳税人营业价款	5			------------
	免抵退出口货物劳务计税金额	6=4−5 =7+8+9+10			
	其中:单证不齐或信息不齐出口货物销售额	7			------------
	单证信息齐全出口货物销售额	8			------------
	当期单证齐全应税服务免抵退税计税金额	9			------------
	当期单证不齐应税服务免抵退税计税金额	10			------------
	前期出口货物单证信息齐全销售额	11		------------	------------
	前期应税服务单证齐全免抵退税计税金额	12		------------	------------
	全部单证信息齐全出口货物销售额	13=8+11			------------
	全部单证齐全应税服务免抵退税计税金额	14=9+12			------------
	免税出口货物劳务销售额(美元)	15			------------
	免税出口货物劳务销售额	16			------------
	全部退(免)税出口货物劳务销售额(美元)	17=1+15			------------
	全部退(免)税出口货物劳务销售额	18			------------
	不予退(免)税出口货物劳务销售额	19			------------

续表

项目		栏次	当期	本年累计	与增值税纳税申报表差额
			(a)	(b)	(c)
二、不得免征和抵扣税额	出口销售额乘征退税率之差	20=21+22			------------
	其中:出口货物销售额乘征退税率之差	21			------------
	应税服务免抵退税计税金额乘征退税率之差	22			------------
	上期结转免抵退税不得免征和抵扣税额抵减额	23		------------	------------
	免抵退税不得免征和抵扣税额抵减额	24			------------
	免抵退税不得免征和抵扣税额	25(如 20>23+24 则为 20−23−24;否则为 0			
	结转下期免抵退税不得免征和抵扣税额抵减额	26=23+24−20+25		------------	------------
三、应退税额和免抵税额	免抵退税计税金额乘退税率	27=28+29			------------
	其中:出口货物销售额乘退税率	28			------------
	应税服务免抵退税计税金额乘退税率	29			------------
	上期结转免抵退税额抵减额	30		------------	------------
	免抵退税额抵减额	31			------------
	免抵退税额	32(如 27>30+31 则为 27−30−31;否则为 0			------------
	结转下期免抵退税额抵减额	33=30+31−27+32		------------	------------
	增值税纳税申报表期末留抵税额	34		------------	------------
	计算退税的期末留抵税额	35=34−25c		------------	------------
	当期应退税额	36=(如 32>35 则为 35,否则为 32)			------------
	当期免抵税额	37=32−36			------------

续表

<table>
<tr><td rowspan="2">项目</td><td rowspan="2">栏次</td><td>当期</td><td>本年累计</td><td>与增值税纳税申报表差额</td></tr>
<tr><td>(a)</td><td>(b)</td><td>(c)</td></tr>
<tr><td>出口企业申明</td><td colspan="2">授权人申明</td><td colspan="2">主管税务机关</td></tr>
<tr><td>此表各栏填报内容是真实、合法的，与实际出口业务情况相符。此次申报的出口业务不属于“四自三不见”等违背正常出口经营程序的出口业务。否则，本企业愿意承担由此产生的相关责任。

办税人：
财务负责人：

法定代表人(负责人)：

年　月　日</td><td colspan="2">(如果你已委托代理申报人，请填写下列资料)
为代理出口货物退税申报事宜，现授权为本纳税人的代理申报人，任何与本申报表有关的往来文件都可寄与此人。

授权人签字：(盖章)

年　月　日</td><td colspan="2">经办人：
复核人：

负责人：

年　月　日</td></tr>
</table>

第十一章 《营改增税负分析测算明细表》填列说明

根据国家税务总局公告 2016 年第 30 号，自 2016 年 6 月 1 日起，为配合全面推开营业税改征增值税试点工作，国家税务总局对增值税纳税申报有关事项进行了调整。

在增值税纳税申报其他资料中增加《营改增税负分析测算明细表》，由从事建筑、房地产、金融或生活服务等经营业务的增值税一般纳税人在办理增值税纳税申报时填报，具体名单由主管税务机关确定。

一、营改增试点应税项目明细

营改增试点应税项目明细表如表 11.1 所示：

表 11.1　营改增试点应税项目明细表

序号	代码	应税项目名称	填报说明
交通运输服务			无运输工具承运业务按照运输业务的实际承运人使用的运输工具划分到对应税目。
1	010100	铁路运输服务	通过铁路运送货物或者旅客的运输业务活动。
2	010201	陆路旅客运输服务	铁路运输以外的陆路旅客运输业务活动。包括公路运输、缆车运输、索道运输、地铁运输、城市轻轨运输等。出租车公司向使用本公司自有出租车的出租车司机收取的管理费用，按照陆路运输服务缴纳增值税。
3	010202	陆路货物运输服务	铁路运输以外的陆路货物运输业务活动。包括公路运输、缆车运输、索道运输、地铁运输、城市轻轨运输等。
4	010300	水路运输服务	通过江、河、湖、川等天然、人工水道或者海洋航道运送货物或者旅客的运输业务活动。水路运输的程租、期租业务，属于水路运输服务。

续表

序号	代码	应税项目名称	填报说明
5	010400	航空运输服务	通过空中航线运送货物或者旅客的运输业务活动。航空运输的湿租业务，属于航空运输服务。航天运输服务，按照航空运输服务缴纳增值税。
6	010500	管道运输服务	通过管道设施输送气体、液体、固体物质的运输业务活动。
		邮政服务	
7	020000	邮政服务	中国邮政集团公司及其所属邮政企业提供邮件寄递、邮政汇兑和机要通信等邮政基本服务的业务活动。包括邮政普遍服务、邮政特殊服务和其他邮政服务。
		电信服务	
8	030100	基础电信服务	利用固网、移动网、卫星、互联网，提供语音通话服务的业务活动，以及出租或者出售带宽、波长等网络元素的业务活动。
9	030200	增值电信服务	利用固网、移动网、卫星、互联网、有线电视网络，提供短信和彩信服务、电子数据和信息的传输及应用服务、互联网接入服务等业务活动。卫星电视信号落地转接服务，按照增值电信服务缴纳增值税。
		建筑服务	
10	040100	工程服务	新建、改建各种建筑物、构筑物的工程作业，包括与建筑物相连的各种设备或者支柱、操作平台的安装或者装设工程作业，以及各种窑炉和金属结构工程作业。
11	040200	安装服务	生产设备、动力设备、起重设备、运输设备、传动设备、医疗实验设备以及其他各种设备、设施的装配、安置工程作业，包括与被安装设备相连的工作台、梯子、栏杆的装设工程作业，以及被安装设备的绝缘、防腐、保温、油漆等工程作业。固定电话、有线电视、宽带、水、电、燃气、暖气等经营者向用户收取的安装费、初装费、开户费、扩容费以及类似收费，按照安装服务缴纳增值税。
12	040300	修缮服务	对建筑物、构筑物进行修补、加固、养护、改善，使之恢复原来的使用价值或者延长其使用期限的工程作业。
13	040400	装饰服务	对建筑物、构筑物进行修饰装修，使之美观或者具有特定用途的工程作业。
14	040500	其他建筑服务	其他建筑服务，上列工程作业之外的各种工程作业服务，如钻井（打井）、拆除建筑物或者构筑物、平整土地、园林绿化、疏浚（不包括航道疏浚）、建筑物平移、搭脚手架、爆破、矿山穿孔、表面附着物（包括岩层、土层、沙层等）剥离和清理等工程作业。

续表

序号	代码	应税项目名称	填报说明
		金融服务	
15	050100	贷款服务	将资金贷与他人使用而取得利息收入的业务活动。各种占用、拆借资金取得的收入,包括金融商品持有期间(含到期)利息(保本收益、报酬、资金占用费、补偿金等)收入、信用卡透支利息收入、买入返售金融商品利息收入、融资融券收取的利息收入,以及融资性售后回租、押汇、罚息、票据贴现、转贷等业务取得的利息及利息性质的收入,按照贷款服务缴纳增值税;以货币资金投资收取的固定利润或者保底利润,按照贷款服务缴纳增值税。
16	050200	直接收费金融服务	为货币资金融通及其他金融业务提供相关服务并且收取费用的业务活动。包括提供货币兑换、账户管理、电子银行、信用卡、信用证、财务担保、资产管理、信托管理、基金管理、金融交易场所(平台)管理、资金结算、资金清算、金融支付等服务。
17	050300	人身保险服务	以人的寿命和身体为保险标的的保险业务活动。
18	050400	财产保险服务	以财产及其有关利益为保险标的的保险业务活动。
19	050500	金融商品转让	转让外汇、有价证券、非货物期货和其他金融商品所有权的业务活动。其他金融商品转让包括基金、信托、理财产品等各类资产管理产品和各种金融衍生品的转让。
		现代服务	
		研发和技术服务	
20	060101	研发服务	就新技术、新产品、新工艺或者新材料及其系统进行研究与试验开发的业务活动。
21	060102	合同能源管理服务	节能服务公司与用能单位以契约形式约定节能目标,节能服务公司提供必要的服务,用能单位以节能效果支付节能服务公司投入及其合理报酬的业务活动。
22	060103	工程勘察勘探服务	在采矿、工程施工前后,对地形、地质构造、地下资源蕴藏情况进行实地调查的业务活动。
23	060104	专业技术服务	气象服务、地震服务、海洋服务、测绘服务、城市规划、环境与生态监测服务等专项技术服务。
		信息技术服务	
24	060201	软件服务	提供软件开发服务、软件维护服务、软件测试服务的业务活动。
25	060202	电路设计及测试服务	提供集成电路和电子电路产品设计、测试及相关技术支持服务的业务活动。

续表

序号	代码	应税项目名称	填报说明
26	060203	信息系统服务	提供信息系统集成、网络管理、网站内容维护、桌面管理与维护、信息系统应用、基础信息技术管理平台整合、信息技术基础设施管理、数据中心、托管中心、信息安全服务、在线杀毒、虚拟主机等业务活动。包括网站对非自有的网络游戏提供的网络运营服务。
27	060204	业务流程管理服务	依托信息技术提供的人力资源管理、财务经济管理、审计管理、税务管理、物流信息管理、经营信息管理和呼叫中心等服务的活动。
28	060205	信息系统增值服务	利用信息系统资源为用户附加提供的信息技术服务。包括数据处理、分析和整合、数据库管理、数据备份、数据存储、容灾服务、电子商务平台等。
文化创意服务			
29	060301	设计服务	把计划、规划、设想通过文字、语言、图画、声音、视觉等形式传递出来的业务活动。包括工业设计、内部管理设计、业务运作设计、供应链设计、造型设计、服装设计、环境设计、平面设计、包装设计、动漫设计、网游设计、展示设计、网站设计、机械设计、工程设计、广告设计、创意策划、文印晒图等。
30	060302	知识产权服务	处理知识产权事务的业务活动。包括对专利、商标、著作权、软件、集成电路布图设计的登记、鉴定、评估、认证、检索服务。
31	060303	广告服务	利用图书、报纸、杂志、广播、电视、电影、幻灯、路牌、招贴、橱窗、霓虹灯、灯箱、互联网等各种形式为客户的商品、经营服务项目、文体节目或者通告、声明等委托事项进行宣传和提供相关服务的业务活动。包括广告代理和广告的发布、播映、宣传、展示等。
32	060304	会议展览服务	为商品流通、促销、展示、经贸洽谈、民间交流、企业沟通、国际往来等举办或者组织安排的各类展览和会议的业务活动。
物流辅助服务			
33	060401	航空服务	包括航空地面服务和通用航空服务。航空地面服务，是指航空公司、飞机场、民航管理局、航站等向在境内航行或者在境内机场停留的境内外飞机或者其他飞行器提供的导航等劳务性地面服务的业务活动，包括旅客安全检查服务、停机坪管理服务、机场候机厅管理服务、飞机清洗消毒服务、空中飞行管理服务、飞机起降服务、飞行通信服务、地面信号服务、飞机安全服务、飞机跑道管理服务、空中交通管理服务等。通用航空服务，是指为专业工作提供飞行服务的业务活动，包括航空摄影、航空培训、航空测量、航空勘探、航空护林、航空吊挂播洒、航空降雨、航空气象探测、航空海洋监测、航空科学实验等。

续表

序号	代码	应税项目名称	填报说明
34	060402	港口码头服务	港务船舶调度服务、船舶通信服务、航道管理服务、航道疏浚服务、灯塔管理服务、航标管理服务、船舶引航服务、理货服务、系解缆服务、停泊和移泊服务、海上船舶溢油清除服务、水上交通管理服务、船只专业清洗消毒检测服务和防止船只漏油服务等为船只提供服务的业务活动。港口设施经营人收取的港口设施保安费按照港口码头服务缴纳增值税。
35	060403	货运客运场站服务	货运客运场站提供货物配载服务、运输组织服务、中转换乘服务、车辆调度服务、票务服务、货物打包整理、铁路线路使用服务、加挂铁路客车服务、铁路行包专列发送服务、铁路到达和中转服务、铁路车辆编解服务、车辆挂运服务、铁路接触网服务、铁路机车牵引服务等业务活动。
36	060404	打捞救助服务	提供船舶人员救助、船舶财产救助、水上救助和沉船沉物打捞服务的业务活动。
37	060405	装卸搬运服务	使用装卸搬运工具或者人力、畜力将货物在运输工具之间、装卸现场之间或者运输工具与装卸现场之间进行装卸和搬运的业务活动。
38	060406	仓储服务	利用仓库、货场或者其他场所代客贮放、保管货物的业务活动。
39	060407	收派服务	接受寄件人委托，在承诺的时限内完成函件和包裹的收件、分拣、派送服务的业务活动。收件服务，是指从寄件人收取函件和包裹，并运送到服务提供方同城的集散中心的业务活动。分拣服务，是指服务提供方在其集散中心对函件和包裹进行归类、分发的业务活动。派送服务，是指服务提供方从其集散中心将函件和包裹送达同城的收件人的业务活动。
租赁服务			
40	060501	不动产融资租赁	标的物为不动产的具有融资性质和所有权转移特点的租赁活动。即出租人根据承租人所要求的规格、型号、性能等条件购入不动产租赁给承租人，合同期内租赁物所有权属于出租人，承租人只拥有使用权，合同期满付清租金后，承租人有权按照残值购入租赁物，以拥有其所有权。不论出租人是否将租赁物销售给承租人，均属于融资租赁。融资性售后回租不按照本税目缴纳增值税。
41	060502	不动产经营租赁	在约定时间内将不动产转让他人使用且租赁物所有权不变更的业务活动。将建筑物、构筑物等不动产的广告位出租给其他单位或者个人用于发布广告，按照经营租赁服务缴纳增值税。车辆停放服务、道路通行服务（包括过路费、过桥费、过闸费等）等按照不动产经营租赁服务缴纳增值税。

续表

序号	代码	应税项目名称	填报说明
42	060503	有形动产融资租赁	标的物为有形动产的具有融资性质和所有权转移特点的租赁活动。即出租人根据承租人所要求的规格、型号、性能等条件购入有形动产租赁给承租人，合同期内租赁物所有权属于出租人，承租人只拥有使用权，合同期满付清租金后，承租人有权按照残值购入租赁物，以拥有其所有权。不论出租人是否将租赁物销售给承租人，均属于融资租赁。融资性售后回租不按照本税目缴纳增值税。
43	060504	有形动产经营租赁	在约定时间内将有形动产转让他人使用且租赁物所有权不变更的业务活动。将飞机、车辆等有形动产的广告位出租给其他单位或者个人用于发布广告，按照经营租赁服务缴纳增值税。水路运输的光租业务、航空运输的干租业务，属于经营租赁。
鉴证咨询服务			
44	060601	认证服务	具有专业资质的单位利用检测、检验、计量等技术，证明产品、服务、管理体系符合相关技术规范、相关技术规范的强制性要求或者标准的业务活动。
45	060602	鉴证服务	具有专业资质的单位受托对相关事项进行鉴证，发表具有证明力的意见的业务活动。包括会计鉴证、税务鉴证、法律鉴证、职业技能鉴定、工程造价鉴证、工程监理、资产评估、环境评估、房地产土地评估、建筑图纸审核、医疗事故鉴定等。
46	060603	咨询服务	提供信息、建议、策划、顾问等服务的活动，包括金融、软件、技术、财务、税收、法律、内部管理、业务运作、流程管理、健康等方面的咨询。翻译服务和市场调查服务按照咨询服务缴纳增值税。
广播影视服务			
47	060701	广播影视节目(作品)制作服务	进行专题(特别节目)、专栏、综艺、体育、动画片、广播剧、电视剧、电影等广播影视节目和作品制作的服务。具体包括与广播影视节目和作品相关的策划、采编、拍摄、录音、音视频文字图片素材制作、场景布置、后期的剪辑、翻译(编译)、字幕制作、片头、片尾、片花制作、特效制作、影片修复、编目和确权等业务活动。
48	060702	广播影视节目(作品)发行服务	以分账、买断、委托等方式，向影院、电台、电视台、网站等单位和个人发行广播影视节目(作品)以及转让体育赛事等活动的报道及播映权的业务活动。
49	060703	广播影视节目(作品)播映服务	在影院、剧院、录像厅及其他场所播映广播影视节目(作品)，以及通过电台、电视台、卫星通信、互联网、有线电视等无线或者有线装置播映广播影视节目(作品)的业务活动。

续表

序号	代码	应税项目名称	填报说明
商务辅助服务			
50	060801	企业管理服务	提供总部管理、投资与资产管理、市场管理、物业管理、日常综合管理等服务的业务活动。
51	060802	经纪代理服务	各类经纪、中介、代理服务。包括金融代理、知识产权代理、货物运输代理、代理报关、法律代理、房地产中介、职业中介、婚姻中介、代理记账、拍卖等。
52	060803	人力资源服务	提供公共就业、劳务派遣、人才委托招聘、劳动力外包等服务的业务活动。
53	060804	安全保护服务	提供保护人身安全和财产安全，维护社会治安等的业务活动。包括场所住宅保安、特种保安、安全系统监控以及其他安保服务。
其他现代服务			
54	069900	其他现代服务	除研发和技术服务、信息技术服务、文化创意服务、物流辅助服务、租赁服务、鉴证咨询服务、广播影视服务和商务辅助服务以外的现代服务。
生活服务			
文化体育服务			
55	070101	文化服务	为满足社会公众文化生活需求提供的各种服务。包括文艺创作、文艺表演、文化比赛，图书馆的图书和资料借阅，档案馆的档案管理，文物及非物质遗产保护，组织举办宗教活动、科技活动、文化活动，提供游览场所。
56	070102	体育服务	组织举办体育比赛、体育表演、体育活动，以及提供体育训练、体育指导、体育管理的业务活动。
教育医疗服务			
57	070201	教育服务	提供学历教育服务、非学历教育服务、教育辅助服务的业务活动。学历教育服务，是指根据教育行政管理部门确定或者认可的招生和教学计划组织教学，并颁发相应学历证书的业务活动，包括初等教育、初级中等教育、高级中等教育、高等教育等。非学历教育服务，包括学前教育、各类培训、演讲、讲座、报告会等。教育辅助服务，包括教育测评、考试、招生等服务。
58	070202	医疗服务	提供医学检查、诊断、治疗、康复、预防、保健、接生、计划生育、防疫服务等方面的服务，以及与这些服务有关的提供药品、医用材料器具、救护车、病房住宿和伙食的业务。

续表

序号	代码	应税项目名称	填报说明
旅游娱乐服务			
59	070301	旅游服务	根据旅游者的要求,组织安排交通、游览、住宿、餐饮、购物、文娱、商务等服务的业务活动。
60	070302	娱乐服务	为娱乐活动同时提供场所和服务的业务。具体包括:歌厅、舞厅、夜总会、酒吧、台球、高尔夫球、保龄球、游艺(包括射击、狩猎、跑马、游戏机、蹦极、卡丁车、热气球、动力伞、射箭、飞镖)。
餐饮住宿服务			
61	070401	餐饮服务	通过同时提供饮食和饮食场所的方式为消费者提供饮食消费服务的业务活动。
62	070402	住宿服务	提供住宿场所及配套服务等的活动。包括宾馆、旅馆、旅社、度假村和其他经营性住宿场所提供的住宿服务。
居民日常服务			
63	070500	居民日常服务	主要为满足居民个人及其家庭日常生活需求提供的服务,包括市容市政管理、家政、婚庆、养老、殡葬、照料和护理、救助救济、美容美发、按摩、桑拿、氧吧、足疗、沐浴、洗染、摄影扩印等服务。
其他生活服务			
64	079900	其他生活服务	除文化体育服务、教育医疗服务、旅游娱乐服务、餐饮住宿服务和居民日常服务之外的生活服务。
销售无形资产			
65	080100	专利或非专利技术	转让专利技术和非专利技术的所有权或者使用权的业务活动。
66	080200	商标和著作权	转让商标和著作权的所有权或者使用权的业务活动。
67	080300	土地使用权	转让土地使用权的业务活动。
68	080400	其他自然资源使用权	转让除土地使用权以外的自然资源使用权的业务活动,包括海域使用权、探矿权、采矿权、取水权和其他自然资源使用权。
69	089900	其他权益性无形资产	转让除上述内容以外的其他权益性无形资产的所有权或者使用权的业务活动。包括基础设施资产经营权、公共事业特许权、配额、经营权(包括特许经营权、连锁经营权、其他经营权)、经销权、分销权、代理权、会员权、席位权、网络游戏虚拟道具、域名、名称权、肖像权、冠名权、转会费等。

续表

序号	代码	应税项目名称	填报说明
		销售不动产	
70	090100	销售不动产建筑物	转让不动产所有权的业务活动。不动产,是指不能移动或者移动后会引起性质、形状改变的财产。建筑物,包括住宅、商业营业用房、办公楼等可供居住、工作或者进行其他活动的建造物。转让建筑物有限产权或者永久使用权,转让在建的建筑物所有权,以及在转让建筑物时一并转让其所占土地的使用权的,按照销售不动产缴纳增值税。
71	090200	销售不动产构筑物	转让不动产所有权的业务活动。不动产,是指不能移动或者移动后会引起性质、形状改变的财产。构筑物,包括道路、桥梁、隧道、水坝等建造物。转让在建的构筑物所有权,以及在转让构筑物时一并转让其所占土地的使用权的,按照销售不动产缴纳增值税。

二、营改增税负分析测算明细表

税负分析表的填写

(一)填写主体

建筑业、房地产业、金融业、生活服务业"四大行业"营改增一般纳税人需要填写《增值税税负分析测算明细表》以下简称《测算明细表》。

2016 年 5 月 1 日以后新办理税务登记的试点一般纳税人、2016 年 5 月 1 日以后首次发生四大行业业务的纳税人,不需要填报《测算明细表》。

(二)填写要点

(1)纳税人兼营多种应税行为的,应根据《营改增试点应税项目明细表》分项目填报《测算明细表》,即多项应税行为分行填报对应"应税项目代码及名称"及相关栏次数据。

(2)纳税人同期发生相同应税行为,适用不同计税方法的,应将不同计税方法的销售额、差额扣除额等数据分行填报《测算明细表》。例如,某纳税人提供工程服务,甲项目选择一般计税方法,乙项目选择简易计税方法,则《测算明细表》中应填报两行" 040100 工程服务 ",分别反映适用 10%税率和 3% 征收率甲、乙项目的数据。

(3)纳税人同期发生相同应税行为,在原营业税政策下适用不同营业税税率的,确定其对应的增值税税率或征收率、营业税税率。例如,某农业银行同期发生的农户贷款 、其他贷款,则《测算明细表》中应填报两行"050100 贷款服务 ",分别反映原营业税 3% 税率和 5% 税率的数据。

(4)纳税人享受增值税差额征税政策且发生差额扣除额的，才能按实际扣除额填报第 4 列“服务、不动产和无形资产扣除项目本期实际扣除金额 ”。

(5)纳税人当期发生的应税项目，按国家统一的原营业税政策规定享受差额扣除政策的，可以填报对应行次第 9 列“ 本期发生额 ”。

(6)“增值税应纳税额(测算) ”的填写：应税项目适用一般计税方法时，为应税项目“销项(应纳)税额”与主表第 11 栏“销项税额”本月数的比例乘以主表第 19 栏“应纳税额”本月数。应税项目适用简易计税方法时，为应税项目“销项(应纳)税额”值。

(7)原营业税税制下差额扣除金额是本表的核心 ，填写的期初余额和本期发生额 ，加上计算来的本期应扣除金额 、本期实际扣除金额以及期末余额，相当于给差额扣除项目做了一个“ 小台账 ”。

值得注意的是 ，与增值税扣除项目类似，在第一步选择了应税项目明细后 ，只有那些按照原营业税政策规定允许差额扣除的应税项目才能填写期初余额和本期发生额，此外，还应注意，除了直接减除项目金额(扣额) ，即本期增值税申报时在计算增值税销项税额的税基中可扣除的金额，还应包括还原减除项目金额(扣税) ，即按原营业税差额征税规定可在应税收入中减除的项目金额，本期申报时在《附列资料(二) 》中填写在销项税额中抵扣的进项税额经还原而成 ，还原公式为实际抵扣的进项税额 ×(1 + 1/ 增值税税率)。

营改增税负分析测算明细表如表 11.2 所示：

表 11.2　　营改增税负分析测算明细表

税款所属时间：　　年　月　日至　　年　月　日

纳税人名称：(公章)　　　　　　　　　　　　　　金额单位：元至角分

项目及栏次			增值税							营业税						
			不含税销售额	销项(应纳)税额	价税合计	服务、不动产和无形资产扣除项目本期实际扣除金额	扣除后		增值税应纳税额(测算)	原营业税税制下服务、不动产和无形资产差额扣除项目					应税营业额	营业税应纳税额
							含税销售额	销项(应纳)税额		期初余额	本期发生额	本期应扣除金额	本期实际扣除金额	期末余额		
应税项目代码及名称	增值税税率或征收率	营业税税率	1	2=1×增值税税率或征收率	3=1+2	4	5=3−4	6=5÷(100%+增值税税率或征收率)×增值税税率或征收率	7	8	9	10=8+9	11(11≤3且11≤10)	12=10−11	13=3−11	14=13×营业税税率
合计	——	——														

表 11.2 中“税款所属时间”、“纳税人名称”的填写同《增值税纳税申报表(适用一般纳税人)》主表。

(三)各列填写说明

(1)“应税项目代码及名称”：根据《营改增试点应税项目明细表》所列项目代码及

名称填写，同时有多个项目的，应分项目填写。

(2)“增值税税率或征收率”：根据各项目适用的增值税税率或征收率填写。

(3)“营业税税率”：根据各项目在原营业税税制下适用的原营业税税率填写。

(4)第1列“不含税销售额”：反映纳税人当期对应项目不含税的销售额(含即征即退项目)，包括开具增值税专用发票、开具其他发票、未开具发票、纳税检查调整的销售额，纳税人所填项目享受差额征税政策的，本列应填写差额扣除之前的销售额。

(5)第2列“销项(应纳)税额”：反映纳税人根据当期对应项目不含税的销售额计算出的销项税额或应纳税额(简易征收)。

本列各行次＝第1列对应各行次×增值税税率或征收率。

(6)第3列“价税合计”：反映纳税人当期对应项目的价税合计数。

本列各行次＝第1列对应各行次＋第2列对应各行次。

(7)第4列“服务、不动产和无形资产扣除项目本期实际扣除金额”：纳税人销售服务、不动产和无形资产享受差额征税政策的，应填写对应项目当期实际差额扣除的金额。不享受差额征税政策的填“0”。

(8)第5列“含税销售额”：纳税人销售服务、不动产和无形资产享受差额征税政策的，应填写对应项目差额扣除后的含税销售额。

本列各行次＝第3列对应各行次－第4列对应各行次。

(9)第6列“销项(应纳)税额”：反映纳税人按现行增值税规定，分项目的增值税销项(应纳)税额，按以下要求填写：

①销售服务、不动产和无形资产按照一般计税方法计税的：

本列各行次＝第5列对应各行次÷(100%＋对应行次增值税税率)×对应行次增值税税率。

②销售服务、不动产和无形资产按照简易计税方法计税的：

本列各行次＝第5列对应各行次÷(100%＋对应行次增值税征收率)×对应行次增值税征收率。

(10)第7列“增值税应纳税额(测算)”：反映纳税人按现行增值税规定，测算出的对应项目的增值税应纳税额。

①销售服务、不动产和无形资产按照一般计税方法计税的：

本列各行次＝第6列对应各行次÷《增值税纳税申报表(一般纳税人适用)》主表第11栏“销项税额”“一般项目”和“即征即退项目”“本月数”之和×《增值税纳税申报表(一般纳税人适用)》主表第19栏“应纳税额”“一般项目”和“即征即退项目”“本月数”之和。

②销售服务、不动产和无形资产按照简易计税方法计税的：

本列各行次＝第6列对应各行次。

(11)第 8 列“原营业税税制下服务、不动产和无形资产差额扣除项目”“期初余额”:填写按原营业税规定,服务、不动产和无形资产差额扣除项目上期期末结存的金额,试点实施之日的税款所属期填写“0”。本列各行次等于上期本表第 12 列对应行次。

(12)第 9 列“原营业税税制下服务、不动产和无形资产差额扣除项目”“本期发生额”:填写按原营业税规定,本期取得的准予差额扣除的服务、不动产和无形资产差额扣除项目金额。

(13)第 10 列“原营业税税制下服务、不动产和无形资产差额扣除项目”“本期应扣除金额”:填写按原营业税规定,服务、不动产和无形资产差额扣除项目本期应扣除的金额。

本列各行次=第 8 列对应各行次+第 9 列对应各行次。

(14)第 11 列“原营业税税制下服务、不动产和无形资产差额扣除项目”“本期实际扣除金额”:填写按原营业税规定,服务、不动产和无形资产差额扣除项目本期实际扣除的金额。

①当第 10 列各行次≤第 3 列对应行次时

本列各行次=第 10 列对应各行次。

②当第 10 列各行次>第 3 列对应行次时

本列各行次=第 3 列对应各行次。

(15)第 12 列“原营业税税制下服务、不动产和无形资产差额扣除项目”“期末余额”:填写按原营业税规定,服务、不动产和无形资产差额扣除项目本期期末结存的金额。

本列各行次=第 10 列对应各行次-第 11 列对应各行次。

(16)第 13 列“应税营业额”:反映纳税人按原营业税规定,对应项目的应税营业额。

本列各行次=第 3 列对应各行次-第 11 列对应各行次。

(17)第 14 列“营业税应纳税额”:反映纳税人按原营业税规定,计算出的对应项目的营业税应纳税额。

本列各行次=第 13 列对应各行次×对应行次营业税税率。

(四)行次填写说明

(1)“合计”行:本行各栏为对应栏次的合计数。

本行第 3 列“价税合计”=《增值税纳税申报表附列资料(一)》(本期销售情况明细)第 11 列“价税合计”第 2+4+5+9b+12+13a+13b 行。

本行第 4 列“服务、不动产和无形资产扣除项目本期实际扣除金额”=《增值税纳税申报表附列资料(一)》(本期销售情况明细)第 12 列“服务、不动产和无形资产扣除项目本期实际扣除金额”第 2+4+5+9b+12+13a+13b 行。

(2)其他行次根据纳税人实际发生业务分项目填写。

相关填写说明如表 11.3 所示:

表 11.3 营改增税负分析测算明细表

税款所属时间：　年　月　日至　年　月　日

同《增值税纳税申报表(适用一般纳税人)》主表

纳税人名称：(公章)　　金额单位：元至角分

项目及栏次			增值税							营业税						
			不含税销售额反映纳税人当期对应项目不含税的销售额(含即征即退项目)，包括开具增值税专用发票、开具其他发票、未开具发票、纳税检查调整的销售额，纳税人所填项目享受差额征税政策的，本列应填写差额扣除之前的销售额。	销项(应纳)税额反映纳税人根据当期对应项目不含税的销售额计算出的销项税额或应纳税额(简易征收)。本列各行次=第1列对应各行次×增值税税率或征收率。	价税合计反映纳税人当期对应项目的价税合计数。本列各行次=第1列对应各行次+第2列对应各行次。	服务、不动产和无形资产扣除项目本期实际扣除金额纳税人销售服务、不动产和无形资产享受差额征税政策的，应填写对应项目当期实际差额扣除的金额。不享受差额征税政策的填“0”。	扣除后		增值税应纳税额(测算)反映纳税人按现行增值税规定，测算出的对应项目的增值税应纳税额。1.销售服务、不动产和无形资产按照一般计税方法计税的本列各行次=第6列对应各行次÷《增值税纳税申报表(一般纳税人适用)》主表第11栏“销项税额”“一般项目”和“即征即退项目”“本月数”之和×《增值税纳税申报表(一般纳税人适用)》主表第19栏“应纳税额”“一般项目”和“即征即退项目”“本月数”之和。2.销售服务、不动产和无形资产按照简易计税方法计税的本列各行次=第6列对应各行次。	原营业税税制下服务、不动产和无形资产差额扣除项目					应税营业额反映纳税人按原营业税规定，对应项目的应税营业额。本列各行次=第3列对应各行次－第11列对应各行次。	营业税应纳税额反映纳税人按原营业税规定，计算出的对应项目的营业税应纳税额。本列各行次=第13列对应各行次×对应行次营业税税率。
							含税销售额纳税人销售服务、不动产和无形资产享受差额征税政策的，应填写对应项目差额扣除后的含税销售额。本列各行次=第3列对应各行次－第4列对应各行次。	销项(应纳)税额反映纳税人按现行增值税规定，分项目的增值税销项(应纳)税额，按以下要求填写：1.销售服务、不动产和无形资产按照一般计税方法计税的本列各行次=第5列对应各行次÷(100%+对应行次增值税税率)×对应行次增值税税率。2.销售服务、不动产和无形资产按照简易计税方法计税的本列各行次=第5列对应各行次÷(100%+对应行次增值税征收率)×对应行次增值税征收率。		期初余额填写按原营业税规定，服务、不动产和无形资产差额扣除项目上期期末结存的金额，试点实施之日的税款所属期填写“0”。本列各行次等于上期本表第12列对应行次。	本期发生额填写按原营业税规定，本期取得的准予差额扣除的服务、不动产和无形资产差额扣除项目金额。	本期应扣除金额填写按原营业税规定，服务、不动产和无形资产差额扣除项目本期应扣除的金额。本列各行次=第8列对应各行次+第9列对应各行次。	本期实际扣除金额填写按原营业税规定，服务、不动产和无形资产差额扣除项目本期实际扣除的金额。1.当第10列各行次≤第3列对应行次时本列各行次=第10列对应各行次。2.当第10列各行次>第3列对应行次时本列各行次=第3列对应各行次。	期末余额填写按原营业税规定，服务、不动产和无形资产差额扣除项目本期期末结存的金额。本列各行次=第10列对应各行次－第11列对应各行次。		
应税项目代码及名称根据《营改增试点应税项目明细表》所列项目代码及名称填写，同时有多个项目的，应分项目填写。	增值税税率或征收率根据各项目适用的增值税税率或征收率填写。	营业税税率根据各项目在原营业税税制下适用的原营业税税率填写。	1	2=1×增值税税率或征收率	3=1+2	4	5=3−4	6=5÷(100%+增值税税率或征收率)×增值税税率或征收率	7	8	9	10=8+9	11(11≤3且11≤10)	12=10−11	13=3−11	14=13×营业税税率

续表

项目及栏次			增值税							营业税						
			不含税销售额反映纳税人当期对应项目不含税的销售额(含即征即退项目),包括开具增值税专用发票、开具其他发票、未开具发票、纳税检查调整的销售额,纳税人所填项目享受差额征税政策的,本列应填写差额扣除之前的销售额。	销项(应纳)税额反映纳税人根据当期对应项目不含税的销售额计算出的销项税额或应纳税额(简易征收)。本列各行次=第1列对应各行次×增值税税率或征收率。	价税合计反映纳税人当期对应项目的价税合计数。本列各行次=第1列对应各行次+第2列对应各行次。	服务、不动产和无形资产扣除项目本期实际扣除金额纳税人销售服务、不动产和无形资产享受差额征税政策的,应填写对应项目当期实际差额扣除的金额。不享受差额征税政策的填"0"。	扣除后		增值税应纳税额(测算)反映纳税人按现行增值税规定,测算出的对应项目的增值税应纳税额。1.销售服务、不动产和无形资产按照一般计税方法计税的本列各行次=第6列对应各行次÷《增值税纳税申报表(一般纳税人适用)》主表第11栏"销项税额""一般项目"和"即征即退项目""本月数"之和×《增值税纳税申报表(一般纳税人适用)》主表第19栏"应纳税额""一般项目"和"即征即退项目""本月数"之和。2.销售服务、不动产和无形资产按照简易计税方法计税的本列各行次=第6列对应各行次。	原营业税税制下服务、不动产和无形资产差额扣除项目					应税营业额反映纳税人按原营业税规定,对应项目的应税营业额。本列各行次=第3列对应各行次-第11列对应各行次。	营业税应纳税额反映纳税人按原营业税规定,计算出对应项目的营业税应纳税额。本列各行次=第13列对应各行次×对应行次营业税税率。
							含税销售额纳税人销售服务、不动产和无形资产享受差额征税政策的,应填写对应项目差额扣除后的含税销售额。本列各行次=第3列对应各行次-第4列对应各行次。	销项(应纳)税额反映纳税人按现行增值税规定,分项目的增值税销项(应纳)税额,按以下要求填写:1.销售服务、不动产和无形资产按照一般计税方法计税的本列各行次=第5列对应各行次÷(100%+对应行次增值税税率)×对应行次增值税税率。2.销售服务、不动产和无形资产按照简易计税方法计税的本列各行次=第5列对应各行次÷(100%+对应行次增值税征收率)×对应行次增值税征收率。		期初余额填写按原营业税规定,服务、不动产和无形资产差额扣除项目上期期末结存的金额,试点实施之日的税款所属期填写"0"。本列各行次等于上期本表第12列对应行次。	本期发生额填写按原营业税规定,本期取得的准予差额扣除的服务、不动产和无形资产差额扣除项目金额。	本期应扣除金额填写按原营业税规定,服务、不动产和无形资产差额扣除项目本期应扣除的金额。本列各行次=第8列对应各行次+第9列对应各行次。	本期实际扣除金额填写按原营业税规定,服务、不动产和无形资产差额扣除项目本期实际扣除的金额。1.当第10列各行次≤第3列对应行次时本列各行次=第10列对应各行次。2.当第10列各行次>第3列对应行次时本列各行次=第3列对应各行次。	期末余额填写按原营业税规定,服务、不动产和无形资产差额扣除项目本期期末结存的金额。本列各行次=第10列对应各行次-第11列对应各行次。		
合计本行各栏为对应栏次的合计数。	——	——			《增值税纳税申报表附列资料(一)》(本期销售情况明细)第11列"价税合计"第2+4+5+9b+12+13a+13b行。	《增值税纳税申报表附列资料(一)》(本期销售情况明细)第12列"服务、不动产和无形资产扣除项目本期实际扣除金额"第2+4+5+9b+12+13a+13b行。										
其他行次根据纳税人实际发生业务分项目填写。																